穿越——中国隧道及地下工程修建关键技术研究书系
Chuan Yue

盾构/TBM隧道
技术创新与实践

林 刚 罗世培 易 丹 史宣陶 等 著

INNOVATION AND PRACTICE OF
SHIELD / TBM
TUNNEL TECHNOLOGY

人民交通出版社
北京

内 容 提 要

本书针对盾构和 TBM 隧道结构特点，以作者团队近 20 年在盾构和 TBM 隧道设计与配合施工工作中的认识和体会为基础，对管片接头与定位拼装技术、TBM 隧道结构优化技术、管片壁后注浆与充填技术、结构防排水技术、衬砌环结构加固修复技术、施工安全保障技术和施工组织技术等方面的创新成果进行了系统总结与介绍。

本书可供从事隧道及地下工程科研、设计、施工、管理等工作的专业技术人员参考，也可供高等院校相关专业师生学习使用。

图书在版编目（CIP）数据

盾构/TBM 隧道技术创新与实践 / 林刚等著. — 北京：人民交通出版社股份有限公司, 2024. 11. — ISBN 978-7-114-20077-9

Ⅰ. U455

中国国家版本馆 CIP 数据核字第 2025JP5084 号

中国隧道及地下工程修建关键技术研究书系
Dungou/TBM Suidao Jishu Chuangxin yu Shijian

书　　　名：	盾构/TBM 隧道技术创新与实践
著 作 者：	林　刚　罗世培　易　丹　史宣陶　等
责任编辑：	李　梦
责任校对：	赵媛媛　魏佳宁
责任印制：	张　凯
出版发行：	人民交通出版社
地　　址：	（100011）北京市朝阳区安定门外外馆斜街 3 号
网　　址：	http://www.ccpcl.com.cn
销售电话：	（010）85285857
总 经 销：	人民交通出版社发行部
经　　销：	各地新华书店
印　　刷：	北京印匠彩色印刷有限公司
开　　本：	720×960　1/16
印　　张：	8.25
字　　数：	144 千
版　　次：	2024 年 11 月　第 1 版
印　　次：	2024 年 11 月　第 1 次印刷
书　　号：	ISBN 978-7-114-20077-9
定　　价：	58.00 元

（有印刷、装订质量问题的图书，由本社负责调换）

编写委员会

主 任 委 员： 杜建军　谢　毅

副主任委员： 李伟东　邓军桥　喻　波　林本涛

顾　　　问： 张海波　喻　渝　周　勇　周明亮
　　　　　　　柴家远　陶伟明　杨昌宇

主　　　编： 林　刚　罗世培　易　丹　史宣陶

副　主　编： 陶　星　杨　征　李　俊　甄文战

编　　　委： 李可意　张　庆　李德才　张建祥
　　　　　　　郭　俊　朱宏海　王　建　倪安斌
　　　　　　　石义军　周运斌　王呼佳　宋同伟
　　　　　　　彭　帅　李　辉　徐剑旋　赵品祥
　　　　　　　张　增　陈　军　王佳庆　宋南涛
　　　　　　　夏　鑫　任　玲　朱招庚　宋沐春

作者简介

林　刚　1976年生，教授级高级工程师，中铁二院工程集团有限责任公司地铁院副总工程师，四川工匠、火车头奖章获得者、成都市产业领军人才。在隧道与地下工程领域学习与工作近30年，主持设计了国内外城市轨道交通、铁路、市政、核电等行业数十座具有里程碑意义的盾构和TBM隧道，对成都砂卵石与膨胀性岩土、青岛花岗岩、昆明泥炭土、西安黄土、重庆砂泥岩、南宁喀斯特等多种特殊工程地质条件与复杂建设环境的盾构/TBM隧道修建关键技术理解深刻；主持完成了我国首条大运量级GoA4级全自动运行轨道交通工程（成都轨道交通9号线一期工程）的勘察设计工作。获国家优秀设计二等奖1项，省科技进步奖一等奖1项、二等奖1项、三等奖1项，省专利奖二等奖1项，省部级科技进步奖特等奖2项、一等奖1项、二等奖7项，省部级勘察设计奖20余项；获发明专利14项、实用新型专利50余项，其中的40余项已应用于实际工程；参加7部盾构隧道国家标准、行业标准、地方标准的起草工作；出版专著2部，发表论文20余篇。

罗世培　1968年生，正高级工程师，中铁二院工程集团有限责任公司副总工程师，四川省有突出贡献优秀专家，茅以升铁道工程师奖、四川省五一劳动奖章获得者。从事城市轨道交通工程设计与研究工作30余年，主持30余项城市轨道交通总体设计、地下工程与隧道工程设计项目，在复杂地下空间、特殊地质和复杂环境的地铁结构与隧道、多种转换方式的桩基托换、新制式轨道交通等领域成果丰硕。获国家科技进步奖二等奖1项，全国优秀工程设计铜奖1项，省部级科技进步奖特等奖2项、一等奖1项、二等奖15项，省部级勘察设计奖20余项；获发明专利10余项、实用新型专利20余项，其中20余项已应用于实际工程；参编国家标准和规范5部，发表论文10余篇。

Innovation and Practice of Shield /
TBM TUNNEL TECHNOLOGY

盾构/TBM 隧道
技术创新与实践

易 丹 1986 年生，高级工程师，中铁二院工程集团有限责任公司地铁院土建分院副总工程师，成都市"百佳"职工创客明星。长期从事盾构和 TBM 隧道设计与研究工作，主持完成了 10 余项科技成果的转化工作，形成多项自主知识产权产品，社会、经济效益显著。获省部级科技进步奖 5 项、勘察设计奖 10 余项、实用技术成果奖 1 项、专利奖 1 项；获发明专利 10 余项，实用新型专利 30 余项，其中 30 余项已应用于实际工程；参编地方标准 2 部，发表论文 5 篇。

史宣陶 1982 年生，正高级工程师，中铁二院工程集团有限责任公司地铁院土建分院副总工程师，成都市"百佳"职工创客明星、金牛工匠。长期从事城市轨道交通地下区间隧道、车站结构的设计与研究工作。获国家优秀设计二等奖 1 项，省部级科技进步奖特等奖 1 项、一等奖 1 项、二等奖 3 项，省部级勘察设计奖 10 余项，省级工法 2 项；获发明专利 7 项、实用新型专利 30 余项，其中 20 余项已应用于实际工程；发表论文 6 篇。

序一

经过引进、消化吸收和再创新，我国的盾构和 TBM 技术成功实现了从跟跑、并跑到领跑的华丽转身。目前，盾构和 TBM 广泛应用于我国的交通、电力、市政、矿山等领域的隧道建设中，盾构和 TBM 施工方法已成为城市轨道交通区间隧道、水下隧道、城市铁路隧道和市政暗挖法隧道的主要施工方法之一。

2000 年初，我从日本学成归来，尚未出浦东机场就接到中铁二院工程集团有限责任公司（简称"中铁二院"）负责人咨询有关成都地铁盾构隧道技术问题的电话，以此为始，我和我的团队与中铁二院合作，地铁领域，先后攻克了成都富水砂卵石地层、昆明泥炭质土地层、佛山粉细砂地层、深圳软硬不均复合地层、青岛岩质地层等城市密集区盾构法和 TBM 法隧道修建关键技术，提出楔形通用衬砌环结构并成功应用于深圳地铁 1 号线华岗区间隧道工程，组成联合体直接参与成都地铁 1、2、3 号线区间隧道设计；铁路领域，先后以南崇铁路留村隧道、成宜铁路锦绣隧道、成都枢纽紫瑞隧道等大直径盾构隧道工程为依托，对大型与复杂盾构隧道结构力学特征、整体化设计方法与结构安全保障技术等进行了系统深入的研究，取得的创新成果推动了我国盾构和 TBM 隧道的技术进步。

善学者尽其理，善行者究其难。作为我国较早从事盾构和 TBM 隧道设计的勘察设计院，中铁二院先后参与了国内 40 余个城市 150 余条城市轨道交通线路工程的勘察设计，通车里程超过 3000km；参与建成的高速铁路里程近 12000km。基于以上工程实践，本专著团队以其设计的城市轨道交通、铁路、市政、电力等行业的盾构和 TBM 隧道工程为依托，聚焦预制拼装衬砌环和预制仰拱块结构，兼顾施工组织，针对盾构与 TBM 隧道结构特点，对预制拼装衬砌环管片接头与定位拼装技术、TBM 隧道预制仰拱块支撑技术、预制衬砌环管片壁后注浆与填充技术、盾构与 TBM 隧道防排水技术、衬砌环结构加固修复技术、小净距施工安全保障技术、施工组织与工期保障技术等创新性成果进行了系统的梳理、总结，凝练成了该《盾构/TBM 隧道技术创新与实践》专著。

本书具有很强的工程实践性和技术启发性，必将在拓展盾构与 TBM 领域设计、施工、管理、科研人员的创新思路，提升盾构与 TBM 隧道工程的建设质量，促进盾构与 TBM 技术发展等方面发挥很好的作用。

付梓之际，是为序。

中国工程院院士

2024 年 11 月

序二

盾构机和 TBM 是国之重器，也是衡量一个国家高端装备制造水平的重要标志之一，对推动我国隧道建造技术进步意义重大。2009 年"中国中铁 1 号"复合式土压平衡盾构在天津地铁 3 号线区间隧道工程始发、2014 年"贯龙号"双护盾 TBM 在青岛地铁 2 号线区间隧道工程始发，标志着我国盾构和 TBM 技术发展相继驶入快车道。经过近 20 年的高速发展，目前我国盾构和 TBM 技术已全面领跑世界。

读者眼前的这本专著是中铁二院工程集团有限责任公司（简称"中铁二院"）技术团队基于多年的工程实践，对盾构与 TBM 隧道结构设计领域创新技术进行系统总结和凝练的成果。中铁二院作为国内大型综合性勘察设计企业之一，从在深圳地铁 1 号线华岗区间隧道工程中设计我国首个采用通用衬砌环管片的盾构隧道工程开始，先后设计了我国城市轨道交通、铁路、市政、核电等领域数十座具有里程碑意义的盾构与 TBM 隧道，代表性工程包括：轨道交通领域首座双护盾 TBM 隧道——青岛地铁 2 号线 TBM 区间隧道工程、特殊大粒径、高强度、高富水砂卵石地层盾构隧道——成都砂卵石地层地铁盾构区间隧道工程、国内已通车最大直径"泥水-土压"双模盾构隧道——铁路成都枢纽紫瑞隧道工程、国内已通车最大直径土压平衡盾构隧道——成自铁路锦绣隧道工程、国内首座海面裁管精准对接海下盾构法隧道——陆丰核电站水工排水隧道工程、国家级示范工程——成都市成洛大道盾构隧道管廊工程、国内首座非煤系瓦斯地层盾构隧道——成都地铁穿越油气田区域盾构区间隧道工程等。中铁二院在不断为国家基础设施建设贡献力量的同时，也推动了我国盾构与 TBM 隧道技术的创新发展。

本书聚焦盾构和 TBM 隧道结构，以预制拼装衬砌环和预制仰拱块为重点，兼顾施工安全与组织，对盾构和 TBM 隧道预制拼装衬砌环结构形式与拼装技术、衬砌环背后注浆技术、超小净距施工安全与保障技术、管片缺陷整治与修复技术、结构防排水技术、施工组织与工期保障技术等进行了创新研究。书中所述研究成果大部分已成功应用于实际工程，在解决实际工程技术难题的同时，取得了很好的社会和经济效益。

本书具有很强的针对性、实用性和启发性，有助于拓展技术人员的创新思路，对于提升盾构与 TBM 隧道的建设质量、推动盾构与 TBM 技术的创新发展具有重要的参考借鉴价值。

鉴于此，我将本书推荐给大家。

中铁二院工程集团有限责任公司党委书记、董事长
四川省科学技术协会副主席

2024 年 11 月

前言

盾构和TBM施工方法已在我国城市轨道交通、市政、铁路、公路、水工、电力等行业隧道工程中得到广泛应用。当前，我国已有超过80%的城市轨道交通区间隧道、50%的大直径公路和铁路隧道以及越来越多的水工隧道工程采用盾构或TBM施工，盾构和TBM施工方法已成为我国隧道工程领域的主要施工方法之一。

除敞开式TBM隧道主要采用全环复合式衬砌和"下部预制仰拱块+上部复合式衬砌"结构外，盾构和TBM隧道均采用预制拼装衬砌环结构。预制拼装衬砌环结构由工厂预制的管片在盾壳内根据特定的空间关系通过接头连接而成，管片间沟槽内设置特定形状的压缩弹性密封垫实现接缝防水，特殊的施工方法和结构形式使得衬砌环结构具有以下工程特点：

（1）衬砌环质量除了与管片的预制质量直接相关外，还与拼装工艺和现场实际操作密切相关。

（2）衬砌环在盾壳内拼装成环后再推出盾尾，在推出盾尾后的一小段时间内该衬砌环处于悬空状态。

（3）衬砌环管片壁后注浆（或吹填豆砾石+压浆）主要通过管片预留的点式注浆孔（或吹填孔）实现。

（4）衬砌环管片间接缝防水通过在接缝沟槽内设置特定形状的压缩弹性密封垫实现。

（5）衬砌环结构的整体性和刚度比相同尺寸的现浇隧道小。

本书以中铁二院工程集团有限责任公司地铁院团队设计的城市轨道交通、铁路、市政、电力等行业的盾构和TBM隧道工程为依托，聚焦预制拼装衬砌环和预制仰拱块结构，兼顾施工组织，针对盾构与TBM隧道结构特点，对管片接头与定位拼装技术进行研究，发明了针对不同直径和螺栓形式的管片拼装定位技术、大直径盾构隧道内部结构定位连接技术；对TBM隧道结构进行研究，发明了衬砌环和预制仰拱块支撑技术，提出了复合式衬砌结构的优化技术；对管片壁后注浆与填充技术进行研究，发明了盾构管片壁后增强注浆技术、TBM管片吊装吹填压浆技术，优化了TBM管片壁后注浆梗技术；对结构防排水技术进行研究，发明了密封垫主动压密技术、带定位榫管片接缝防水技术和盾构隧道洞门施工密封止水技术，优化了TBM隧道防排水构造；对衬砌环结构加固修复技术进行研究，实践了钢板内衬加固衬砌环结构技术，提出了衬砌环管片孔洞修复技术；对施工安全保障技术进行研究，发明了预留暗挖法隧道通道技术和既有暗挖法隧道保护结构技术，提出了盾构井端头地层加固技术；对施工组织技术进行研究，实践了城市轨道交通掘进机曲线过站技术和区间、车站同步施工技术，提出了城市轨道交通掘进机法区间贯通弃壳技术等。以上研究成果大部分已应用于实际工程，并获得国家专利授权。

本书由林刚策划并统稿，全书由罗世培审定，各章节编写分工如下。

各章节编写分工

章名	节名	执笔人
第一章	绪论	林　刚
第二章	第一节　弯螺栓定位拼装技术	林　刚
	第二节　直螺栓定位拼装技术	易　丹
	第三节　盾构管片承插式螺栓接头技术	易　丹
	第四节　大直径盾构隧道内部结构定位连接技术	杨　征
第三章	第一节　衬砌环支撑技术	史宣陶 林　刚
	第二节　可调节预制仰拱块同步施工技术	史宣陶
	第三节　复合式衬砌优化技术	林　刚

续上表

章名	节名	执笔人
第四章	第一节　盾构管片壁后增强注浆技术	陶　星
	第二节　TBM管片吊装吹填压浆技术	林　刚
	第三节　TBM管片壁后注浆梗技术	史宣陶
第五章	第一节　管片密封垫主动压密技术	易　丹
	第二节　管片带定位榫接缝防水技术	易　丹
	第三节　TBM隧道防排水构造优化技术	史宣陶
	第四节　盾构隧道洞门施工密封止水技术	易　丹
第六章	第一节　钢板内衬加固衬砌环结构技术	甄文战
	第二节　管片孔洞修复技术	李　俊
第七章	第一节　预留暗挖法隧道通道技术	林　刚
	第二节　既有暗挖法隧道保护结构技术	陶　星
	第三节　盾构井端头地层加固技术	林　刚
第八章	第一节　城市轨道交通掘进机曲线过站技术	史宣陶
	第二节　城市轨道交通掘进机法区间与车站同步施工技术	史宣陶
	第三节　城市轨道交通掘进机法区间贯通弃壳技术	史宣陶

　　本书中各创新技术应用过程中的工程实践、技术细节和应用推广得到了各工程建设单位、施工单位、设计咨询单位、监理单位和高等院校的鼎力支持与配合，同时本书在编写过程中得到了中铁二院工程集团有限责任公司各级领导和同事的关心帮助，在此表示衷心的感谢。

　　限于作者水平，书中难免有不妥及疏漏之处，恳请专家及同行批评指正。

作　者

2024年6月

目录

第一章	绪论	001
第一节	盾构与TBM发展概述	001
第二节	结构与防水技术概述	006
第三节	相关认识与思考	007
第二章	管片接头与定位拼装技术	010
第一节	弯螺栓定位拼装技术	010
第二节	直螺栓定位拼装技术	020
第三节	盾构管片承插式螺栓接头技术	025
第四节	大直径盾构隧道内部结构定位连接技术	028
第三章	TBM隧道结构优化技术	033
第一节	衬砌环支撑技术	033
第二节	可调节预制仰拱块同步施工技术	038
第三节	复合式衬砌优化技术	040
第四章	管片壁后注浆与充填技术	043
第一节	盾构管片壁后增强注浆技术	043
第二节	TBM管片吊装吹填压浆技术	049
第三节	TBM管片壁后注浆梗技术	053
第五章	结构防排水技术	056
第一节	管片密封垫主动压密技术	056

第二节　管片带定位榫接缝防水技术 …………………………………… 059
　　第三节　TBM 隧道防排水构造优化技术 …………………………………… 061
　　第四节　盾构隧道洞门施工密封止水技术 ………………………………… 064

第六章　衬砌环结构加固修复技术 ……………………………………………… 069
　　第一节　钢板内衬加固衬砌环结构技术 …………………………………… 069
　　第二节　管片孔洞修复技术 ………………………………………………… 075

第七章　施工安全保障技术 ……………………………………………………… 081
　　第一节　预留暗挖法隧道通道技术 ………………………………………… 081
　　第二节　既有暗挖法隧道保护结构技术 …………………………………… 087
　　第三节　盾构井端头地层加固技术 ………………………………………… 094

第八章　施工组织技术 …………………………………………………………… 100
　　第一节　城市轨道交通掘进机曲线过站技术 ……………………………… 100
　　第二节　城市轨道交通掘进机法区间与车站同步施工技术 ……………… 103
　　第三节　城市轨道交通掘进机法区间贯通弃壳技术 ……………………… 106

附录 ………………………………………………………………………………… 109

参考文献 …………………………………………………………………………… 112

第一章 绪 论

第一节 盾构与 TBM 发展概述

一、盾构发展史

1788 年,英国人提出了在伦敦泰晤士河下修建隧道的设想;1792 年,Torevix L 在泰晤士河下修建另一条隧道,但当工程施工到最后 30m 时,开挖面急剧涌水,隧道被淹没而未成功。1818 年,法国人 Brunel M I 从蛀虫在腐木中钻孔得到启发,申请并取得了盾构发明专利;1825 年,Brunel M I 发明了世界第一台盾构——手掘式方形铸铁框架盾构(图 1.1-1)。

图 1.1-1 手掘式方形铸铁框架盾构

盾构始于英国和法国、发展于日本和德国、鼎盛于中国,从最初的手掘式发展到现在的智能化、超大直径、多样化,在近 200 多年的时间里,世界盾构技术的发展大致可分为 5 个阶段:第 1 阶段,1818—1880 年,以 Brunel 盾构为代表的手掘式初期盾构;第 2 阶段,1880—1960 年,以机械、气压、网格式为代表的(开胸式)盾构;第 3 阶段,1960—1980 年,以土压式、泥水式为代表的(闭胸式)盾构;第 4 阶段,1980—2000 年,以异形化、多功能、综合化和高智能化为特色的多功能盾构;第 5 阶段,2000 年至今,以大直径、超大直径、双模式、多模式融合为代表的盾构。

我国对盾构技术的探索和研究始于新中国成立后，发展至今大致分为探索期、创新期和跨越期三个阶段。2000年前可视为探索期，我国对盾构技术的尝试始于东北阜新煤矿输水巷道工程和1957年的北京市下水道工程；首个成功实施盾构法的工程是1963年开工、1969年贯通的上海打浦路下穿黄浦江水底公路隧道工程，该工程采用网格式挤压盾构技术，隧道直径达10.22m；1970年以后，北京、江苏、浙江、福建等省（区、市）采用开胸式盾构修建了多条不同用途的盾构隧道，广州、深圳、南京、天津和北京等先期建设地铁的城市采用直径6.3m左右的土压平衡和泥水平衡式盾构修建了部分地铁区间隧道，南水北调工程采用直径8.8m的泥水平衡式盾构修建了穿越黄河河底的引水隧道。2000—2010年左右为创新期，该时期以我国自主研发的首台地铁土压平衡式盾构"先行号"投入上海地铁施工，"进越号"泥水平衡式盾构掘进上海打浦路复线隧道和"中国中铁1号"复合盾构在天津地铁3号线始发等作为主要标志；在该时期，上海隧道、中铁隧道、中铁装备、中国铁建重工等国内自主设计制造盾构的龙头企业得到了快速发展，国产盾构的主要性能指标达到或超过国际同类产品，替代了进口，并出口新加坡、印度、马来西亚、泰国等国家；该时期国内累计生产各类盾构300余台，占据国内新增市场份额的65%和自主设计盾构数量的90%。2010年以后为跨越期，在此期间我国盾构制造产业和盾构隧道建造水平迅速发展：直径方面，从城市轨道交通、矿山、水务等领域直径小于10m的盾构隧道，快速扩大到铁路、市政、公路等领域超过10m的大直径、甚至14m的超大直径盾构隧道，代表工程有采用直径15.03m"汕头海湾二号"泥水平衡式盾构的汕头海湾隧道、采用直径15.80m"春风号"常压刀盘岩石复合盾构的深圳春风隧道、采用直径12.26m"海宏号"复合盾构的大连地铁5号线海底区间隧道、采用直径15.76m"黄河号"泥水盾构的济南济泺路黄河隧道等；形状方面，除了圆形开挖断面外，还成功修建了上海虹桥临空园区地下矩形断面盾构法连接通道、蒙华铁路马蹄形断面盾构隧道、海口市椰海西延路段U形断面盾构法综合管廊、成都市人民南路矩形断面多圆盾构顶掘法人行过街通道等非圆形断面盾构隧道；"形式"和"模式"方面，跨越了之前对设备的"形式"和"模式"的定义边界，珠三角城际铁路隧道首次成功使用"TBM+土压平衡"双模盾构、广州地铁7号线区间隧道首次成功使用"土压平衡+泥水平衡"双模盾构、深圳地铁14号线区间隧道成功采用"土压平衡+TBM"双模盾构。截至2023年底，国内最大直径的"泥水平衡+土压平衡"双模盾构开挖直径达到12.84m，广州地铁7号线盾构区间采用了全球首台"TBM+土压平衡+泥水平衡"三模盾构；

应用领域方面,从传统的铁路和公路交通、城市轨道交通、综合管廊工程等领域拓展到沉井式竖井、6%坡度的矿山井巷、发电站水工洞室等特殊领域。

二、TBM 发展史

1846 年,意大利人 Maus 发明了 TBM;1851 年,美国人 Charles Wilson 发明了蒸汽机驱动的 TBM,在花岗岩中试用,但未成功;在其后的 30 年里,世界上共设计和试制了 13 台 TBM,均有进步,最成功的是 1881 年 Colonel Beaumont 发明的、应用于英吉利海峡直径 2.1m 勘探隧道的压缩空气式 TBM(图 1.1-2)。

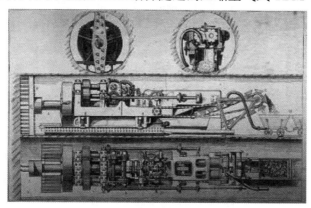

图 1.1-2 压缩空气式 TBM

TBM 始于欧美、发展于美欧日、鼎盛于中国,在近 200 年的时间里,其技术发展大致可分为 4 个阶段:第 1 阶段,1846—1930 年,以 Beaumont 压缩空气式 TBM 为代表的初期 TBM;第 2 阶段,1940—1960 年,以美国 Robbins 公司为主要供应商,以具有真正意义的软岩 TBM 为代表的现代 TBM 初级阶段;第 3 阶段,1960—2000 年,以美国 Robbins 公司为引领,德国 Herrenk Nechtag 公司、德国 Wirth 公司、加拿大 Lovat 公司、日本 Mitsubishi Heavy Industries 公司等设备供应商共同参与发展的现代 TBM 发展阶段;第 4 阶段,2000 年至今,在前一阶段设备供应商发展的基础上,由中铁装备、中国铁建重工、中船重工等中国设备商共同深度参与,根据隧道工程地质条件和周边环境要求,以大直径、超大直径、TBM 和盾构融合为代表的智能化 TBM 繁荣阶段。

我国对 TBM 技术的探索始于 20 世纪 50 年代,根据对 TBM 技术的探索、使用和发展创新,大致可以分为探索期、使用期和创新跨越期三个阶段。1990 年前可视为探索期,探索期的开始以 1965 年隧道掘进机研制被列入国家重点科研项目为标志;1966 年上海勘测设计院和上海水工机械厂研制生产出我国第 1 台直径

3.5m 的 TBM，并在云南下关洒洱水电站进行试验，最高月进尺达 48.5m。但由于种种原因，在此后约 25 年的时间里，隧道掘进机技术在我国未能得到推广。1990—2012 年左右为使用期，使用期以 1991 年将 TBM 引大入秦工程为标志，我国实现了 TBM 施工技术的成功应用；随后，在水利领域，如天生桥二级水电站工程、山西万家寨引黄工程、云南掌鸠河供水工程、青海引大济湟工程、陕西引红济石工程和煤矿领域的大同塔山矿井工程等，先后引进国外双护盾 TBM 施工；在铁路领域，如西安安康铁路秦岭隧道工程、磨沟岭隧道工程、中天山特长隧道工程、兰渝铁路西秦岭隧道工程、高黎贡山隧道工程、锦屏二级水电站工程和重庆地铁 6 号线区间隧道工程等，先后引进敞开式 TBM 施工，在这段时期内，我国实现了承包商独立使用和管理 TBM 施工的进步。2013 年以后为创新跨越期，2015 年由中国铁建重工研制的直径 7.6 m 煤矿斜井单护盾 TBM 用于神华神东补连塔矿 2 号副井，标志着我国 TBM 技术进入了自主创新阶段；2016 年由中铁装备研制的直径 5.48m 双护盾 TBM 用于兰州市水源地建设项目、2016 年由中船重工研制的直径 6.30m "贯龙号" 改良型双护盾 TBM 用于青岛地铁 2 号线区间隧道工程、2017 年由中铁隧道局和中铁工程装备联合研制的直径 9.03m "彩云号" 敞开式 TBM 用于大瑞铁路高黎贡山隧道工程，标志着我国 TBM 技术进入了全面创新阶段；2024 年 4 月由中铁隧道局与中铁装备联合研制、采用中国标准、由中方设计和制造、直径 15.08m、全长 182m 的 "高加索" 号单护盾 TBM 在格鲁吉亚南北高速公路隧道项目成功应用，标志着我国 TBM 技术全面进入了跨越期。随着我国交通、水利、水资源等多个领域基础建设的蓬勃发展，TBM 需穿越软弱破碎带、高地应力、岩溶等不良地层，双模、多模复合式隧道掘进机应运而生，目前我国已研制出 "TBM ＋ 土压平衡" 双模、"TBM ＋ 泥水平衡" 双模、"TBM ＋ 土压平衡 ＋ 泥水平衡" 三模隧道掘进机，成功应用于实际工程并取得良好效果。

三、盾构与 TBM 的关系

目前国际上将采用动力驱动刀盘旋转，通过安装在刀盘上的刀具切削（或破碎）地层、排出渣土，经液压油缸推进，一次性形成隧道断面的机械统称为全断面隧道掘进机。如图 1.1-3 所示，根据是否配置护盾，全断面隧道掘进机分为敞开式隧道掘进机和护盾式隧道掘进机；根据护盾数量，护盾式隧道掘进机分为双护盾隧道掘进机和单护盾隧道掘进机；根据是否配置掌子面平衡措施，单护盾隧道掘进机分为单护盾 TBM 和盾构；根据工作原理，盾构分为手掘式盾构、挤压式盾构和机械式盾构，机械式盾构分为开胸式切削盾构、气压式盾构、泥水平衡式盾构、土压平衡式盾构、双模及多模式盾构等。敞开式隧道掘进机具有掘进、出渣、导向、支护四大主要功能，护盾式隧道掘进机具有掘进、出渣、导向、支护和壁后填充五大主要功能。

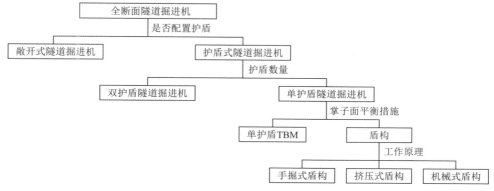

图 1.1-3　广义全断面隧道掘进机分类图

由于工程地质特点和历史沿革，我国全断面隧道掘进机分类如图 1.1-4 所示，我国和日本习惯根据是否配置掌子面平衡措施将全断面隧道掘进机分为 TBM 和盾构两大类；根据护盾数量，将 TBM 分为敞开式 TBM、单护盾 TBM 和双护盾 TBM 三种；根据工作原理，将盾构分为手掘式盾构、挤压式盾构和机械式盾构，并将机械式盾构分为切削式盾构、气压式盾构、泥水平衡式盾构、土压平衡式盾构、双模及多模盾构等，目前使用较多的是泥水平衡式盾构、土压平衡式盾构、双模及多模盾构。破岩与出渣是 TBM 施工的重点，掌子面稳定与平衡出渣是盾构施工的核心，随着工程与水文地质条件、隧道周边环境越来越复杂，尤其装备供应商对双模、三模甚至多模全断面隧道掘进机的研发、使用，目前盾构和护盾式 TBM 的边界在逐渐模糊、重叠，技术在加速融合、发展，当前盾构与 TBM 技术的融合与发展概况如图 1.1-5 所示。

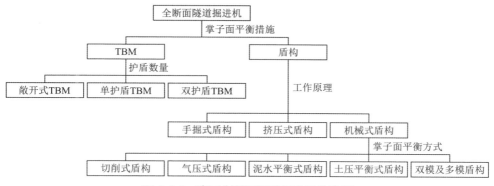

图 1.1-4　我国全断面隧道掘进机分类图

图 1.1-5　盾构与 TBM 技术融合与发展概况

第二节　结构与防水技术概述

一、预制拼装衬砌环

除敞开式 TBM 隧道外，盾构和 TBM 隧道均采用预制拼装衬砌环结构，该结构管片在工厂预制生产，衬砌环在盾壳内根据特定的空间关系通过接头连接而成，通过在管片间接缝中设置特定形状的压缩弹性密封垫达到防水要求。不同形状管片衬砌环拼装关系示意如图 1.2-1 所示。

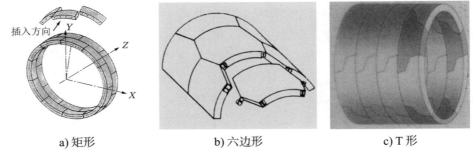

a) 矩形　　　　　b) 六边形　　　　　c) T 形

图 1.2-1　不同形状管片衬砌环拼装关系示意图

制作预制拼装衬砌环管片的材料有铸铁、钢材、钢筋混凝土、钢纤维混凝土和复合材料等，不同材质的预制管片如图 1.2-2 所示。综合考虑预制管片的强度、刚度、耐腐蚀性、加工难易程度和造价等因素，目前国内主要采用钢筋混凝土平板形管片；但在城市环境特殊软土、富水砂层等地质条件下需进行后开孔的衬砌环，为保证施工安全，开孔处衬砌环可采用全环钢管片或"钢+钢筋混凝土"管片，其中钢管片采用箱形结构，钢筋混凝土采用平板形结构。

如果隧道存在内压，当有后期补强、修正蛇行、特殊防水或防腐、抗震及内装等特殊需求时，可视情况在预制拼装衬砌环内增加现浇二次衬砌。根据二次衬砌的功能需求，其可以采用钢筋混凝土、钢纤维混凝土或素混凝土等材料。

a) 铸铁　　　　　　　b) 钢材　　　　　　　c) 钢 + 钢筋混凝土

图 1.2-2　不同材质的预制管片

二、复合式衬砌

敞开式 TBM 隧道有单层锚喷衬砌、全环复合式衬砌和"预制仰拱块 + 复合式衬砌"三种结构形式，单层锚喷衬砌对围岩的完整性和稳定性要求比较高，同时对隧道的运营维护也提出了特殊要求，国内工程案例较少。

全环复合式衬砌结构由初期支护、二次衬砌和防排水层三部分组成。初期支护由喷射混凝土、钢筋网（或钢筋排）、系统锚杆和钢架组成，二次衬砌为现浇钢筋混凝土（或钢纤维混凝土）结构，根据隧道用途、埋深和环境要求等具体情况，初期支护与二次衬砌间设置全包防水层或排水层。

为了在敞开式 TBM 掘进过程中隧道内可使用有轨运输方式，出现了"预制仰拱块 + 复合式衬砌"结构，该结构下部预制仰拱块内表面布置轨道运输系统，用于施工过程中的出渣和进料运输。

第三节　相关认识与思考

一、预制拼装衬砌环

特殊的结构形式和施工方法使衬砌环结构具有以下工程特点：

（1）衬砌环的品质不仅取决于管片预制质量，拼装技术与现场操作同样至关重要，不规范的拼装操作将引发管片错台、漏水、椭圆度超标等问题，这不仅增加了缺陷修复的成本，也损害了工程质量与结构耐久性。

（2）衬砌环需在盾壳内拼装成环后再推出盾尾，尽管施工时采取了盾尾同步注浆（或吹填豆砾石）措施，但在推出盾尾后的一小段时间内该衬砌环仍处于悬空状态，尤其在岩质地层中，该状态将直接导致衬砌环出现不同程度的管片错台和隧道轴线偏移，一定程度上成为目前盾构和 TBM 隧道的施工难题。

（3）传统衬砌环管片壁后注浆（或吹填豆砾石 + 压浆）主要通过管片预留的点式注浆孔（或吹填孔）实现，较难达到均匀、饱满的壁后注浆（或吹填）效果，不均匀、不饱满的壁后注浆（或吹填）将改变衬砌环结构的局部外荷载分布，进而改变衬砌环结构的内力和变形。

（4）衬砌环管片间接缝防水通过设置特定形状的压缩弹性密封垫实现，防水效果与密封垫形状、材料性能、压缩状态和耐久性密切相关。

基于预制拼装衬砌环的以上工程特点，从以下方面开展工作，可提升衬砌环结构的工程质量：

（1）研发新型的管片接头与定位拼装技术，采用更能保证拼装工艺的管片接头构造和现场标准化拼装工艺设计，能最大限度地提高衬砌环拼装精度。

（2）研发新型的管片结构构造，通过结构设计和施工装备的配套改造，能避免岩质地层衬砌环出现悬空状态，从根本上解决管片错台和隧道轴线偏移问题。

（3）对管片壁后注浆与充填技术进行优化设计，将传统的点式管片壁后注浆（或吹填）扩展为线式、面式注浆（或吹填），能最大限度地达到均匀、饱满的注浆（或吹填）效果；将传统 TBM 工法管片吊装、吹填孔统筹优化设计，在满足管片吊装、吹填、壁后压浆功能的前提下，减少孔洞数量，避免运营隧道漏水，提高结构耐久性。

（4）研发新型衬砌环接缝防水构造，通过管片接缝密封垫预压应力松弛主动补偿装置，能有效确保隧道运营期内衬砌环接缝的防水效果。

（5）研发新型盾构隧道洞门临时止水装置，能更好地保证盾构始发、到达过程中的洞门止水效果。

（6）针对衬砌环装配式结构特点，对特殊外部荷载、特殊周边环境要求或局部破坏的衬砌环结构进行加固、补强或修复，有利于提高衬砌环结构的整体承载能力和长期耐久性，从而保障隧道运营安全。

二、结构安全保障

暗挖法隧道结构内力、变形和位移与周围地层的力学特性、地层对隧道的约束等条件密不可分，由于预制拼装衬砌环和"预制仰拱块 + 复合式衬砌"隧道结构的整体性和刚度较相同尺寸的整体式隧道小，因此预制拼装衬砌环和"预制仰拱块 + 复合式衬砌"隧道结构的安全保护范围、保护范围内的地层稳定性要求等，均较相同尺寸的整体式隧道更严格。

针对暗挖法隧道结构力学特点，对近接暗挖隧道，尤其是预制拼装衬砌环和"预制仰拱块 + 复合式衬砌"隧道结构，进行施工安全保障技术研究，在保证结构安全的前提下，将运营暗挖法隧道的安全保护净距和规划暗挖法隧道的预留地下空间实质性减小，对地下空间资源的开发和综合利用具有很好的工程、社会和经济意义。

三、施工组织

拼装、始发、接收、步进和拆解既是盾构和 TBM 隧道施工组织的核心，也是施工组织的基本内容；当遇到局部断层破碎带或围岩较差地层时，敞开式 TBM 需考虑二次衬砌紧跟的施工组织方式；对于长距离水下隧道、山岭隧道和不具备地表接收条件的城市隧道，可考虑采用地中对接拆解的施工组织方式；为满足城市轨道交通工期要求，需重点考虑车站、区间隧道同步施工的组织方式；当隧道位于城市环境，整体始发条件受限时，应考虑分体始发或导洞内始发、接收的施工组织方式。

根据盾构和 TBM 装备特点、工程和水文地质实际情况、工程环境条件限制、工期要求和邻近工程相互影响，研究保证工程施工安全、满足工期和周边环境要求、投资合理的施工组织方式，对于保障工程质量、控制成本、提高施工效率、拓展盾构和 TBM 应用范围，具有很好的工程、经济和社会意义。

第二章 管片接头与定位拼装技术

第一节 弯螺栓定位拼装技术

一、技术背景

目前我国城市轨道交通、市域（郊）铁路区间隧道工程施工工法以盾构法为主，越来越多的城市电力隧道、市政管廊、水工输水隧道等也采用盾构法施工，外径在 8.5m 以下的盾构隧道预制衬砌环基本采用弯螺栓连接。施工过程中的拼装定位、施工纠偏等实际情况，常常导致衬砌环管片错台、管片手孔崩裂、螺栓安装困难、管片边角破损、管片漏水等拼装问题，甚至出现管片螺栓变形破坏、盾尾密封刷损坏、隧道线形难以控制、交通隧道被迫调坡调线等工程难题。目前盾构隧道工程中常见的质量问题如图 2.1-1～图 2.1-3 所示。

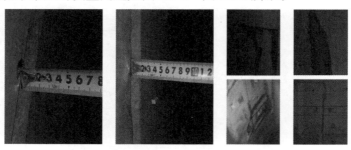

图 2.1-1 盾构隧道衬砌环管片错台、渗漏水案例

图 2.1-2 盾构隧道衬砌环管片破损案例

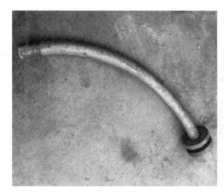

图 2.1-3　螺栓螺牙及涂层破坏案例

为解决以上难题，行业内进行了广泛地研究与思考，形成的成熟且通用的解决方案主要包括在管片接缝设置凹凸榫、定位销（定位孔）、定位棒（定位槽）等构造措施。这些解决方案均能从一定程度上解决管片拼装过程中遇到的管片错台和接缝渗漏水问题，但也存在一定的不足，某些方案可能会引起新的次生问题。对不同定位构造措施的特点分析见表 2.1-1。

不同定位构造措施特点分析　　　　　　　　　表 2.1-1

定位方案	凹凸榫	定位销（定位孔）	定位棒（定位槽）
结构原理	管片A 管片B	管片A 管片B 剪力销	管片A 管片B 定位棒
图片			
作用机理	在接缝面两侧分别设置凹槽和凸槽，通过槽间的契合达到定位作用	在接缝处设置定位销（定位孔），通过定位销与定位孔棒的契合达到定位作用	在接缝处设置定位棒（定位槽），通过定位棒与定位槽的契合达到定位作用
不足	容易产生应力集中，造成混凝土崩块，若发生在迎土面，修补困难，影响结构耐久性	管片反复设孔，增加管片生产难度；施工过程中出现了定位销碎裂、变形过大和被剪断的案例	约束不强，限位效果有限，曲线段管片拼装有一定难度

续上表

定位方案	凹凸榫	定位销（定位孔）	定位棒（定位槽）
典型案例			

二、技术介绍

综合考虑盾构隧道衬砌环管片弯螺栓接缝结构特点、定位装置与弯螺栓空间关系、现场管片拼装工艺等因素，将衬砌环管片环缝接头定位孔与螺栓孔合并，按照拼装顺序，如图 2.1-4～图 2.1-6 所示，将前环管片接缝安装孔设计为榫眼，后环管片接缝安装孔设计为榫槽，并专门设计了一种空心圆锥桶形构件，命名为"盾构管片定位榫"，该构件安装于榫眼与榫槽之间。

a) 前环榫眼

b) 后环榫槽

图 2.1-4　管片接缝前环榫眼、后环榫槽实物图

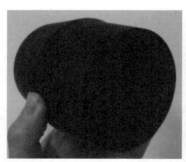

图 2.1-5　盾构管片定位榫实物图　　图 2.1-6　定位榫安装于管片接缝榫眼实物图

如图 2.1-7 所示，带定位榫盾构管片安装顺序为：在前一环管片拼装完成后，将盾构管片定位榫安装于前环管片的榫眼中；后环管片通过榫槽的细部滑动与定位榫对接安装，实现衬砌环管片精确定位拼装目的，再将管片纵向弯螺栓通过穿越定位榫中心孔完成一块盾构管片拼装。重复以上安装过程，最终完成盾构隧道衬砌环拼装。

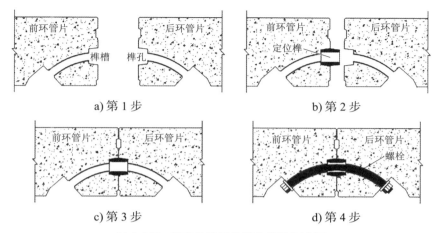

图 2.1-7　带定位榫盾构管片拼装顺序图

三、技术特点

（1）定位榫由改性尼龙、玻璃纤维、抗氧化剂和增韧剂等经热熔压缩而成，为空心圆锥桶形结构。

（2）定位榫大小与预制管片尺寸匹配，通过与管片榫眼、导槽的相互协作，能够做到衬砌环管片的精确定位拼装。

（3）将衬砌环管片环缝接头定位孔与螺栓孔合并设置，不但避免了管片重复设孔，还能方便螺栓安装。

（4）定位榫满足盾构隧道衬砌环施工全过程与运营阶段结构的力学与变形要求，能在施工阶段增大盾构隧道的结构整体性和纵向刚度，当衬砌环脱出盾尾后能有效抑制衬砌环结构的纵向位移；能在隧道运营阶段与螺栓协同变形，有效增加管片抵抗错台的能力、避免管片发生局部破坏。

（5）定位榫满足施工和使用寿命环境条件下的耐久性要求。

四、技术要点

1. 几何尺寸

定位榫为外侧有一定锥度的中空圆锥桶形结构，内径主要由管片厚度、螺栓形式及安装要求、螺栓套管、管片错台控制值等主要因素综合确定；外径根据定位榫抗剪要求和材料力学性能确定，通常为管片厚度的 0.20～0.25 倍；长度由"管片-定位榫-螺栓"管片接头力学特征和预设破坏模式共同确定，通常为管片厚度的 0.25～0.30 倍；考虑到拼装过程中的防滑性能要求，对先拼装端外表面进行刻螺纹槽防滑处理。应用于外径 6.0～8.3m、弯螺栓接头的城市轨道交通盾构隧道管片定位榫的尺寸为：内径 51.8mm，外径中部 86.8mm、端部 75.8mm，长 91.0mm，如图 2.1-8 所示。不同尺寸的定位榫实物图如图 2.1-9 所示。

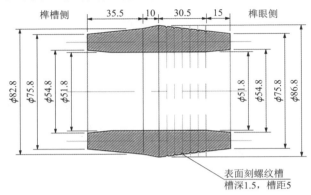

图 2.1-8　应用于城市轨道交通盾构隧道管片定位榫尺寸（尺寸单位：mm）

图 2.1-9　不同尺寸的定位榫实物图

2. 材质与壁厚

图 2.1-10 为采用各种材料生产的定位榫试件实物图，通过对不锈钢、聚乙烯、聚丙烯、聚酰胺等不同材料的对比试验研究，综合考虑结构厚度、力学指标、经济性等多种因素，最后确定定位榫主材为聚酰胺＋玻璃纤维（PA66＋GF），辅材包括氨基硅烷、马来酸酐、三元乙丙橡胶等增强、增韧材料。

a) 不锈钢　　　b) 聚乙烯　　　c) 聚丙烯　　　d) 聚酰胺

图 2.1-10　采用各种材料生产的定位榫试件

定位榫壁厚由结构力学指标和材料性能共同确定，图 2.1-11 为采用聚酰胺主材的两种厚度的定位榫试件实物图，应用于外径 6.0～8.3m、弯螺栓接头的城市轨道交通盾构隧道（管片厚度 350～400mm）管片的定位榫榫口厚度为 10.5mm、榫心厚度为 17.5mm。

图 2.1-11　不同厚度的定位榫试件

3. 主要指标

根据盾构隧道衬砌环拼装工艺与结构受力特点，施工阶段，定位榫应能独立承担管片接头全部接头荷载；运营阶段，定位榫可按照"管片-定位榫-螺栓"管片接头力学特征分担接头荷载。基于以上结构力学要求对定位榫抗剪能力进行研究。

（1）剪切试验

采用工程夹具和万能材料试验机对定位榫抗剪能力进行检测，定位榫剪切加载原理及装置如图 2.1-12 所示，定位榫固定于夹具 1 和夹具 2 的预制孔槽中，夹具孔槽直径、深度与定位榫尺寸匹配。试验中夹具 1、夹具 3 通过螺栓固定，在夹具 2 上部通过试验机向定位榫施加剪切力F，夹具间摩擦力通过试验标定予以扣除。

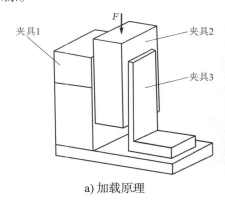

a) 加载原理

b) 加载装置

图 2.1-12　定位榫剪切加载原理及装置图

对 3 个应用于外径 6.0~8.3m、弯螺栓接头的城市轨道交通盾构隧道管片的定位榫进行剪切试验，定位榫"剪力-位移"曲线如图 2.1-13 所示，可以看出定位榫剪切试验变形分为 4 个阶段，第一阶段为结构压密阶段，该阶段位移值约 1.5mm，完成定位榫与夹具间的密贴接触；第二阶段为弹性变形阶段，该阶段位移值为 3.0~4.0mm（总位移值 4.5~5.5mm），位移值随剪力增大而线性增大，直至达到最大弹性剪力值；第三阶段为塑性变形阶段，该阶段位移值为 1.0~1.5mm（总位移值 5.5~6.5mm），位移值随剪力增大而快速增大，试件试验剪力最大值分别为 197.0kN、182.9kN 和 182.0kN；第四阶段为塑性延展阶段，该阶段位移值为 3.0~4.0mm（总位移值 8.5~10.5mm），为破损位移，该阶段剪力下降 20%~30% 后保持相对稳定或小幅增加后再次下降，直至破损。图 2.1-14 为试验后的定位榫破损图，其表明：定位榫破损始于与夹具直接接触的空心筒中部，然后分两种路径扩展，一种先沿着空心筒中部环向扩展一段后再向空心筒端部扩展（如试件 1），另一种以从破损处向空心筒端部扩展为主、向空心筒中部环向扩展为辅（如试件 2 和试件 3）。

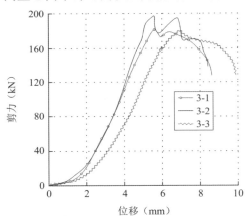

图 2.1-13 定位榫"剪力-位移"试验曲线

a) 3-1 号　　　　b) 3-2 号　　　　c) 3-3 号

图 2.1-14 定位榫剪切试验破损图

（2）剪切曲线

为达到定位榫控制管片错台，并能将超限外荷载平稳过渡到螺栓等性能要求，合格的定位榫"剪力-位移"曲线（图 2.1-15）需满足以下条件。

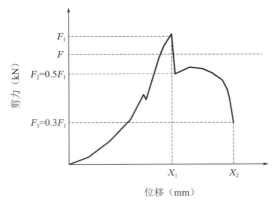

图 2.1-15　定位榫"剪力-位移"曲线

① 结构强度要求。定位榫抗剪强度标准值 F 不应小于盾构隧道纵向螺栓剪力设计值 F_s（如应用于城市轨道交通工程外径 86.8mm 定位榫的 F 值为 150kN）。

② 结构屈服要求。定位榫抗剪值 F_1 为首次屈服时对应的剪力值，应满足 $F_1 \geq F$，考虑到定位榫空心圆锥桶结构特征、与夹具间可能存在间隙和材料特性等因素，剪力值在未达到抗剪强度标准值 F 之前允许有一次不小于当前加载值 5% 的抖动。

③ 结构弹性变形要求。为满足施工全过程可能的错台工况要求，并与规范允许的管片拼装最大错台值匹配，首次屈服时对应的横坐标 X_1 应不大于 8mm。

④ 结构延展性能要求。为保证定位榫在破损情况下能将作用在其上的超限外荷载平稳，并有效地过渡到螺栓和管片上，具体要求为：定位榫抗剪强度衰减 70% 时，对应的横坐标值 X_2 应满足 $X_2 - X_1 \geq 3$mm；同时要求抗剪强度衰减 70% 前，定位榫抗剪能力不得出现陡降（陡降定义：任意两点间剪切荷载下降 50% 时，位移小于 0.5mm）。

4. 细部设计

根据定位榫拼装工序与安装实际，需对先入榫眼侧定位榫进行抗滑设计。最初采用凹形抗滑槽方案，但凹形抗滑槽拆模困难，因此调整为凸形抗滑梗方案，随后优化为散布凸点形式，最后经现场对抗滑性能的确认，仅需对定位榫表面进行粗糙处理即可满足现场拼装抗滑要求。定位榫抗滑设计各方案如图 2.1-16 所示。

a) 凹形抗滑槽　　　　b) 凸形抗滑梗　　　　c) 散布凸点　　　　d) 表面粗糙处理

图 2.1-16　定位榫抗滑设计各方案

5. 对管片模具的影响

根据定位榫结构尺寸和拼装工艺要求，管片模具需满足预制管片设置榫眼和榫槽的构造要求，新造模具需按要求设置，既有模具需进行局部改造。设置榫眼、榫槽的管片模板实物图如图 2.1-17 所示。某尺寸管片模具设置榫眼及安装导槽大样如图 2.1-18 所示。

a) 榫眼　　　　　　　　　　　　　b) 榫槽

图 2.1-17　设置榫眼、榫槽的管片模板实物图

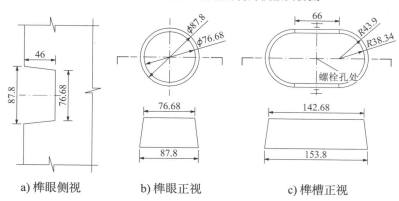

a) 榫眼侧视　　　　　b) 榫眼正视　　　　　c) 榫槽正视

图 2.1-18　某尺寸管片模具设置榫眼及安装导槽大样（尺寸单位：mm）

既有管片模具改造需在模具内增加嵌件及密封圈，并对应调整弯形棒的长度与设置。针对目前国内平推式和铰接式两种主要的管片模具侧模开合模式，主要

的改造内容为：平推式开合模式，直接增加嵌件和密封圈，增加后基本不影响模具开合；铰接式开合模式，采用可拆卸嵌件实现管片脱模，脱模过程中每块可拆卸嵌件的操作时间为 5～10min。管片模具嵌件及弯形棒实物图如图 2.1-19 所示。

a) 嵌件　　　　　　　b) 弯形棒

图 2.1-19　管片模具嵌件及弯形棒实物图

五、工程应用

弯螺栓定位拼装技术已应用于成都地铁第三期、第四期所有共 10 余条线路，南宁地铁 5 号线，佛山地铁 2 号线、3 号线，重庆地铁 27 号线，福州至长乐机场城际铁路，广州永福电力隧道等盾构隧道工程中，下阶段还将应用于青岛、东莞、深圳等城市轨道交通盾构隧道工程。除盾构隧道工程外，该技术还可应用于同直径级别的护盾式 TBM 预制衬砌环结构工程中。

采用弯螺栓定位拼装技术的盾构隧道现场如图 2.1-20～图 2.1-22 所示，现场已贯通的盾构隧道衬砌环管片拼装质量表明：弯螺栓定位拼装技术可将盾构管片拼装错台值控制到 2mm 以内，并且从根本上避免了由于拼装原因导致的管片接头处开裂现象，同时在隧道线形控制、螺栓安装和涂层保护、止水条保护等方面均有显著效果，有效避免了管片结构修复、减少了接缝堵漏等人力、物力投入，产生了显著的经济、社会效益。

图 2.1-20　施工中的盾构隧道　　　　图 2.1-21　运营中的盾构隧道

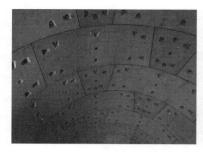 

图 2.1-22　盾构隧道局部拼装效果

第二节　直螺栓定位拼装技术

一、技术背景

采用直螺栓作为盾构管片连接是最传统、最直观,也是受力路径最明确的管片接头形式,但由于传统直螺栓工艺存在管片手孔开孔大、拼装穿孔难等问题,大部分城市轨道交通盾构隧道更愿意选择弯螺栓作为管片连接件;少数使用直螺栓的案例通常也采用金属加强型手孔(俗称铁盒子)将螺栓长度缩短,以克服直螺栓的不足,但金属加强型手孔存在造价高、耐久性差等不足。

随着盾构法的应用范围越来越广泛,使用场景越来越丰富,尤其在大直径盾构隧道领域,随着管片厚度的加大,需根据施工要求相应增大弯螺栓手孔尺寸,与直螺栓相比,弯螺栓对结构削弱少的优势逐渐减小;同时由于弯螺栓接头结构受力较复杂,因此目前业内较多采用了斜螺栓。斜螺栓虽然有手孔小、连接快速方便等优点,但也存在预埋件耐久性差、在长期振动下易松动等不足,在有行车安全需求的轨道交通隧道中也存在一定的安全隐患。盾构隧道管片主要连接形式的特点分析见表 2.2-1。

盾构隧道管片主要连接形式特点分析　　　　　　　　表 2.2-1

连接形式	直螺栓	弯螺栓	斜螺栓
图示			
优点	接缝力学状态好	手孔相对较小,接缝力学状态较好	安装快速,手孔小
缺点	安装困难,手孔大	安装较困难,手孔相对较小的优势随管片直径增加而减小,不良学作用下手孔处混凝土易崩裂	预埋件耐久性难以保证,受力状态较差,长期振动下有松动风险

续上表

连接形式	直螺栓	弯螺栓	斜螺栓
应用案例	少量水工隧道、城际隧道、少量软土地区城市轨道交通隧道、异形断面盾构隧道	广泛应用于城市轨道交通隧道	广泛应用于高速铁路、城际铁路、公路大断面盾构隧道

考虑到大直径盾构隧道对管片错台、破损、渗漏水等的要求更高，为实现大直径盾构管片的精确拼装定位，以传统直螺栓为研究对象，对其安装方式、定位功能等进行创新改进，提出了一种能方便安装、连接可靠且能对管片拼装精准定位的管片接头连接方案。

二、技术介绍

直螺栓需要解决的问题首先是控制手孔尺寸，这可以通过设置盲孔，将螺栓在管片拼装之前安装于管片内部，拼装对位后通过滑动穿过接缝面，形成管片接头。该技术在历史上曾被采用，但由于滑动螺栓穿孔对拼装精度提出了更高要求，不同于弯螺栓与斜螺栓在必要时可通过外力敲击实现穿孔，为控制手孔尺寸，直螺栓缺乏敲击空间，只能依靠人工操作。这直接导致在管片错台较大情况下人工穿孔十分困难，阻碍了直螺栓连接技术的应用与发展。

综合考虑盾构隧道建设实际需求，将管片定位功能与直螺栓穿孔精准度要求结合起来，形成盾构隧道直螺栓定位拼装技术，如图 2.2-1 所示。类似于弯螺栓拼装定位技术，管片接缝面两侧需设置与高强尼龙组件（定位榫）契合的孔洞，直螺栓与包裹于直螺栓外侧的组合件作为整体，称为新型直螺栓连接部件，如图 2.2-2 和图 2.2-3 所示。如图 2.2-4 所示，新型直螺栓连接安装具体步骤为：在前环管片拼装完成后将新型直螺栓连接部件安装在此环管片设置的预留孔洞中，并将直螺栓推至手孔内部，后环管片拼装时，通过组合件锥形构造的引导作用，管片精确拼装就位，最后将直螺栓推送至安装位置并拧紧螺母，完成安装。

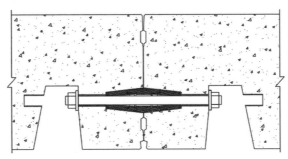

图 2.2-1　新型直螺栓连接方案示意

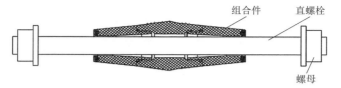

图 2.2-2 新型直螺栓连接部件组成

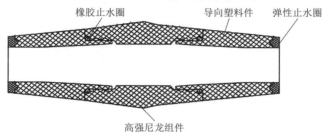

图 2.2-3 组合件细部组成

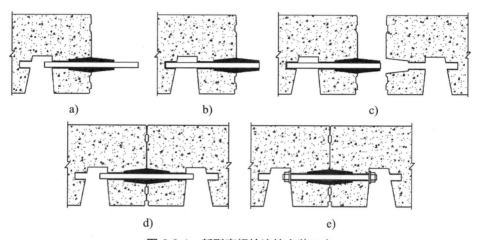

图 2.2-4 新型直螺栓连接安装工序

三、技术特点

（1）高强尼龙组件（定位榫）具备本章第一节中定位榫的全部技术特点。

（2）组合件具备抵抗管片安装过程中可能的冲击荷载的能力（韧性）。

（3）螺栓与组合件整体先于管片安装，兼具了定位、限位与连接件的功能。

四、技术要点

1. 几何尺寸

组合件由高强尼龙组件（定位榫）、导向塑料件、弹性止水圈分段组成，外轮廓尺寸与预制衬砌环厚度匹配，定位榫外径约为管片厚度的 0.2 倍，内径在螺栓直径的基础上考虑一定的综合误差与施工余量，同时需满足定位榫厚度为管片厚度的 0.04~0.05 倍。定位榫长度一般为管片厚度的 0.20~0.25 倍。如南崇铁路留村隧道，管片内径 11.3m、外径 12.4m（管片厚 550mm），高强尼龙组件（定位榫）尺寸为外径 99.8mm、内径 48mm、长 130mm。其余各部件根据直螺栓长度、盲孔长度作对应设计，如图 2.2-5~图 2.2-7 所示。

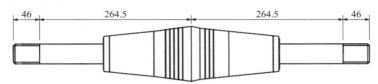

图 2.2-5 应用于 550mm 厚度管片的新型直螺栓连接部件尺寸（尺寸单位：mm）

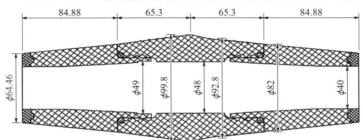

图 2.2-6 应用于 550mm 厚度管片组合件细部尺寸（尺寸单位：mm）

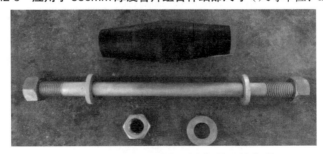

图 2.2-7 现场使用的新型直螺栓连接部件

2. 材质

高强尼龙组件（定位榫）作为缝间主要受力构件，其材质要求与本章第一节中相同。为控制成本，导向件可采用普通聚丙烯塑料，仅需满足抗冲击要求。

3. 主要指标

高强尼龙组件（定位榫）的材料力学指标要求及试验方法与本章第一节中基

本一致，但由于大直径盾构隧道结构力学特点，具体结构参数要求按照管片接头受力特点研究分析后确定。如应用于南崇铁路留村隧道中的高强尼龙组件（定位榫），其抗剪屈服极限为200kN，剪切变形试验中要求弹性变形小于10mm，塑性变形能力大于6mm。导向件需进行抗压试验，抗压力极限值大于80kN。

4. 细部设计

本直螺栓接头为对称结构，为方便现场施工，高强尼龙组件（定位榫）两侧均设置抗滑槽。

5. 管片模具

根据直螺栓连接件的安装要求与实际尺寸，需要在管片侧面形成特定的锥形孔，并与螺栓孔、手孔贯通。在侧模上设置可螺旋安装与拆卸的一体化模具，如图 2.2-8～图 2.2-10 所示，该模具与螺孔钢棒结合，相较于需要与管片一同吊出再二次脱模的拆分式模具，操作更为方便。

图 2.2-8　管片模具

图 2.2-9　管片接缝处结构

图 2.2-10　手孔处管片模具细部

五、工程应用

本技术在南崇铁路留村隧道、成自铁路锦绣隧道、成蒲铁路紫瑞隧道等大直径盾构隧道工程（盾构内径 11.3m、外径 12.4m）中得以应用，应用量超过 10 万组。

应用本技术后，管片拼装效果优良，隧道整体成型提升效果明显，如图 2.2-11 所示，通过了复合地层管片成型质量、高渗透地层接缝防水能力、纠偏纠转过程中隧道整体质量控制的多项考验，在保证大直径盾构隧道建设质量的同时，节省了管片修补、堵漏等其他工程费用，体现了较高的工程实际应用价值；另外本直螺栓套件在隧道运营期不存在螺栓松动风险，为盾构隧道的安全运营起到了积极作用。

图 2.2-11　应用本技术建成的隧道效果

第三节　盾构管片承插式螺栓接头技术

一、技术背景

盾构隧道管片接头形式是行业内研究的热点，对盾构隧道管片接头形式的研究与改进始终伴随着盾构法技术的发展，截至目前，盾构隧道管片接头形式主要有螺栓、卡扣件、插销等，关键技术主要聚焦于以下几方面：

（1）力学性能：连接件（接头）本身的抗拉与抗剪能力是否满足结构力学要求。

（2）可靠性：在隧道全生命周期内，连接件有无防松动脱落的构造措施。

（3）施工便利性：连接件的安装速度与安装精度是否满足施工效率与施工质量要求。

（4）可更换性：在隧道全生命周期内连接件是否可更换或替代，代价是否在可接受范围内。

（5）对结构的削弱：为满足连接件构造与施工要求，在管片上设置的构造孔洞对结构承载能力的削弱和局部内力的改变是否在可接受范围内。

我国已建成的盾构隧道管片接头形式主要以可靠性高、施工便利性较好的螺栓为主，具体主要有直螺栓、弯螺栓和斜螺栓三种形式，三种螺栓连接形式各有优缺点：斜螺栓的安装便利性较强，但可靠性和可更换性相对较弱；带拼装定位技术的直螺栓可满足拼装精度的要求，若螺纹套采用耐久性更好、更刚的材料（如陶瓷、特殊耐蚀钢等），可全面提升管片接头的耐久性，但在长期振动荷载下依然存在接头松动的隐患，并且缩减手孔尺寸仍是其最主要的技术重点；与直螺栓相比，弯螺栓具有手孔尺寸小、安装便利的特性，但随着隧道直径的增大，以上优势越来越小，甚至会因为螺栓长度增加、曲率加大等因素出现接头成本提高、安装难度加大、结构受力不良等新问题。

二、技术介绍

在对传统盾构隧道管片接头形式进行梳理和分析后，以直螺栓接头为基础，提出了三种新型管片接头方案，具体方案如图 2.3-1～图 2.3-3 所示。

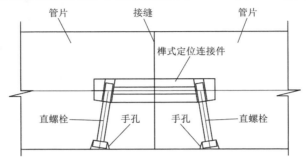

图 2.3-1　榫式组合管片接头方案

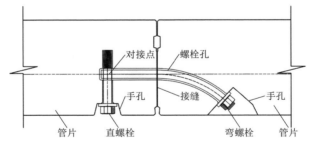

图 2.3-2　弯直组合管片接头方案

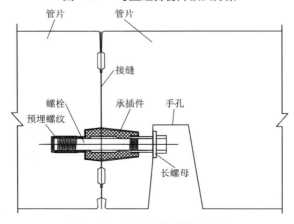

图 2.3-3　承插式管片接头方案

榫式组合管片接头方案与弯直组合管片接头方案均将管片手孔做到了较小尺寸，但也均面临着连接件在管片结构内部较难对接的问题，对安装精度要求较高，同时也较难消除螺栓在长期振动荷载影响下的松动隐患；对比以上两种接头方案，承插式管片接头方案较好地解决了管片手孔尺寸和长期振动荷载影响下螺栓松动隐患问题，以下对承插式管片接头方案进行介绍。

如图 2.3-4 所示，承插式连接的主要理念在于，将螺栓与承插件安装或预埋于管片一侧，通过承插件的引导作用实现管片精确定位拼装，承插件具有一定的抗冲击韧性，而螺栓整体包裹其内。在拼装对位完成后，利于特殊加工的长螺母从手孔处安装完成连接。

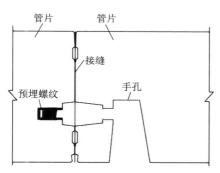

a) 未安装承插式接头的管片空间关系

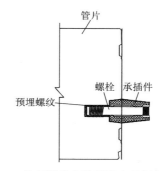

b) 前环管片安装螺栓和承插件

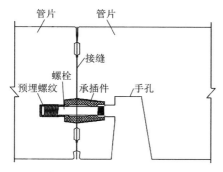

c) 安装后环管片时的管片空间关系

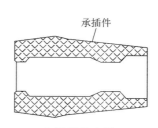

d) 承插件大样

图 2.3-4　承插式管片接头分解图

该连接方案使得螺栓安装便捷，提高了管片定位精度，该方案融入了本章第一节、第二节中的定位榫理念，具有显著的技术优势。

三、技术特点

（1）具备快速连接特性，可预先预埋于预制管片中，或在管片拼装前装配，省去了人工现场拼装螺栓这一步骤。

（2）有效避免拼装磕碰，螺栓于承插件包裹中，引导管片拼装就位的同时可避免金属件与混凝土的碰撞。

（3）具备直螺栓定位榫特性，承插件具备直螺栓定位榫定位拼装功能和结构抗错动能力力学特性。

四、技术要点

1. 预埋件

承插件与内部螺栓组合成一个整体，可预埋至前序拼装管片中，亦可通过在前序拼装管片中预埋螺纹套管，在管片拼装前进行安装。与传统斜螺栓不同，因为没有拼装误差引起的穿孔对位问题，预埋螺纹套管可直接采用连接可靠、耐久性更为优良的材料（如不锈钢、经防腐处理的金属套筒）。

2. 承插件

承插件采用直螺栓定位榫材料，具备抗冲击能力的同时还能提供抵抗管片接缝错动的强度与韧性。

3. 螺母与垫圈

为了将螺栓完全置于承插件内部，需将螺母设计成一端大一端小的异形螺母，如图 2.3-5 所示，与螺栓连接侧为圆筒状，另一侧为外六角螺母状。

图 2.3-5　特制螺母与垫圈

第四节　大直径盾构隧道内部结构定位连接技术

一、技术背景

盾构隧道由预制管片按照一定的空间关系拼装而成。由于空间分隔、防灾疏散、施工组织等需求，常常需要在大直径盾构隧道内施作"口"（或"π""目"）

字形预制件、疏散平台、道床等内部附属结构。目前大直径盾构隧道主要采用圆形钢筋混凝土平板形衬砌环结构，为保证"口"（或"π""目"）字形预制件和现浇内部结构与衬砌环内表面的有效连接和在衬砌环内的稳定性，需解决预制件和现浇内部结构在隧道衬砌环管片内的连接与稳定性问题。

解决预制件和现浇内部结构在隧道衬砌环管片内的错动问题，目前主要有以下几种方法：一是凿毛，增强管片与预制件的贴合，增大接触面摩擦力；二是直接在管片上打螺栓或植筋，将预制件、现浇内部结构与盾构隧道固定连接；三是采用胶黏材料将预制件固定在管片衬砌环上。前两种方法会损伤预制管片，如管片凿毛会减薄管片内侧钢筋保护层厚度，后打螺栓或植筋均需在管片上钻孔，会对管片结构造成不可逆的损伤，严重时还会引发管片钢筋锈蚀、管片掉块、开裂、漏水等问题，影响行车安全。第三种做法中的胶黏材料使用年限一般不超过30年，且每10年需按要求检查一次，这与隧道主要构件100年的设计使用年限不匹配；同时预制件长期承受动荷载作用，易出现松动、失效，甚至脱落，给运营维保带来安全隐患。

因此，现有防错动技术措施均存在一定不足，寻求一种既不损伤管片，又能大幅提高抗错动能力，还能满足工程结构耐久性的定位连接技术具有很强的工程意义。

二、技术介绍

为达到大直径盾构隧道内部预制件、现浇结构与隧道衬砌环管片间的定位连接和隧道结构100年耐久性要求，发明了大直径盾构隧道内部结构定位连接技术，该技术包括预埋螺纹组件、后置螺栓和配套拼装三部分。

如图2.4-1所示，生产管片时在管片内埋入螺纹组件，该组件与管片吊装预埋件、隧道衬砌环壁后注浆通道一体化设计，组件靠衬砌环内侧段设有与后置螺栓适配的内螺纹。管片拼装成隧道衬砌环后，后置螺栓一端与螺纹预埋组件螺纹段连接、另一端穿入隧道内部结构预制件提前预留的孔洞内，最后采用高强材料将预留孔洞内空间充填密实，形成填充结构。当预制件与衬砌环管片之间存在错动趋势时，装配式后置螺栓开始受力，螺纹预埋组件和衬砌环结构提供反力，从而满足预制件与衬砌环管片之间的抗错动要求。该技术既做到了预制件与衬砌环间的抗错动定位连接，又达到了不损伤管片，满足结构耐久性要求的目的。

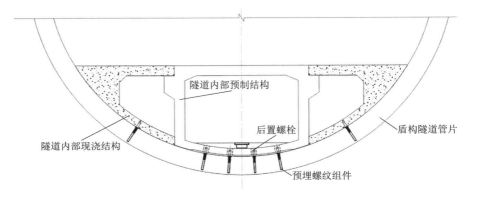

图 2.4-1　大直径盾构隧道内部结构定位连技术图

三、技术特点

（1）生产管片时，管片内预先埋设螺纹预埋组件，该组件与管片吊装预埋件、隧道衬砌环壁后注浆通道一体化设计，组件靠衬砌环内侧段设有与后置螺栓适配的内螺纹；生产预制件时，在预制件对应位置预留孔洞。现场拼装预制件时，先将后置螺栓一端与螺纹预埋组件螺纹段连接、另一端穿入预制件预留孔洞内，最后采用水泥基高强材料将孔洞充填密实，形成填充结构，完成预制件现场拼装。

（2）在隧道衬砌环拼装阶段，预埋于管片内的预埋组件既可用作衬砌环拼装时的管片吊装预埋件，也可作为隧道衬砌环壁后注浆通道。

（3）预制件拼装完成后，当预制件与管片结构之间出现错动趋势时，装配式后置螺栓与螺纹预埋组件、高强材料填充结构、衬砌环管片共同作用，限制预制件在衬砌环管片中的错动，以满足预制件与衬砌环管片间的抗错动要求。以上均在衬砌环管片和预制件结构承载范围内，不会引起管片和预制件的结构损伤。

（4）螺纹预埋组件设有抗拔件。抗拔件为预埋组件提供足够的抗拔力，以满足预埋组件与混凝土连接更可靠，确保衬砌环拼装阶段管片吊装安全和预制件拼装完成后结构抗错动的要求。

（5）螺纹预埋组件在螺纹段端内侧设逆止阀，逆止阀由螺纹段向注浆段导通，防止隧道衬砌环壁后注浆时注浆液倒流。

（6）螺纹预埋组件在注浆段端外侧设橡胶止水圈，以增强螺纹预埋组件的防水效果。

该技术既避免了因凿毛、钻孔等对隧道衬砌环结构的损伤，又大幅提高了预制件在衬砌环内的抗错动能力；同时采用的材料与结构100年设计使用年限匹配，满足了结构耐久性要求。

四、技术要点

1. 预埋螺纹组件

生产预制管片时，将螺纹预埋组件按要求预埋在管片内，螺纹预埋组件的螺纹端螺旋盖与管片内侧平齐，螺纹段设有与后置螺栓适配的内螺纹。

如图 2.4-2 所示，生产预制管片时，提前埋入螺纹段、注浆段、抗拔件、逆止阀和橡胶止水圈组件。

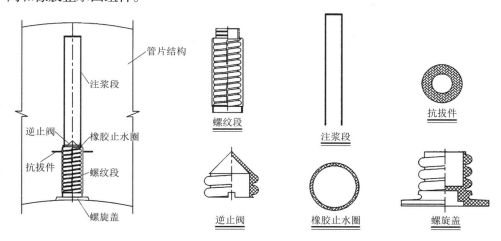

图 2.4-2　预埋螺纹组件示意图

螺纹段连接注浆段的所在端设有抗拔件和逆止阀。抗拔件采用抗拔环板方式，为预埋组件提供足够的抗拔力；逆止阀由螺纹段向注浆段导通，防止注浆液倒流；逆止阀通过适配的内螺纹安装于螺纹段内；橡胶止水圈位于注浆段端外侧，以增强螺纹预埋组件的防水效果；预埋组件露在管片内表面的端头用螺旋盖封堵，螺旋盖一端封闭、另一端设有外螺纹，螺旋盖与螺纹预埋件适配，当不安装预制件时，将螺旋盖扭紧在螺纹预埋组件的端口，防止管片预埋组件所在孔洞处渗漏水。

螺纹预埋组件为中孔型断面构造，外形尺寸与抗拔件配套且与之牢固连接，注浆管两端端口部的螺牙分别与螺旋盖及后置螺栓的螺纹尺寸配套。螺纹段、注浆段、抗拔件、逆止阀、螺旋盖、后置螺栓可采用钢材、高分子材料等，具体可根据需要灵活选用。

2. 现场配套拼装

现场拼装预制件时，先将后置螺栓一端与螺纹预埋组件螺纹段连接，另一端穿入预制件预留孔洞内，再采用水泥基高强材料将孔洞充填密实，形成填充结构，完成预制件现场拼装。

在隧道衬砌环拼装阶段，预埋于管片内的预埋组件既可用作衬砌环拼装时的管片吊装预埋件，也可作为隧道衬砌环壁后注浆通道。

预制件拼装完成后，当预制件与管片结构之间出现错动趋势时，装配式后置螺栓与螺纹预埋组件、高强材料填充结构、衬砌环管片共同作用，限制预制件在衬砌环管片中的错动，以满足预制件与衬砌环管片间的抗错动要求。以上均在衬砌环管片和预制件结构承载范围内，不会引起管片和预制件的结构损伤。

五、工程应用

南崇铁路留村隧道设计时速 160km，单洞双线，全长 5725m，其中 U 形槽段长 210m，明挖段长 1719m，盾构段长 4006m。隧道洞身主要通过中风化泥岩、粉砂质泥岩、中风化泥质粉砂岩、粉砂岩以及含黏性土圆砾。

盾构隧道衬砌环结构尺寸为内径 11.3m、外径 12.4m、环宽 2.0m；每环管片由 6 块标准块、2 块邻接块和 1 块封顶块组成，每环设置 25 个纵向螺栓，每标准块设置 3 个环向螺栓，衬砌环采用通用环拼装。隧道轨下设置框架结构，中部为预制"口"字件，两侧为现浇钢筋混凝土框架结构。为避免损伤隧道预制衬砌环管片，增强框架结构与衬砌环间的整体性，本盾构隧道设计施工采用大直径盾构隧道内部结构定位连接技术，衬砌环结构与隧道内部"口"字件、现浇内部结构采用后置螺栓连接，根据现场实际情况，每环管片在可能的预埋注浆孔位设置至少 4 个后置螺栓，其中 2 个与"口"字件定位连接，另外 2 个与两侧的现浇混凝土结构定位连接，定位连接大样如图 2.4-3 所示。

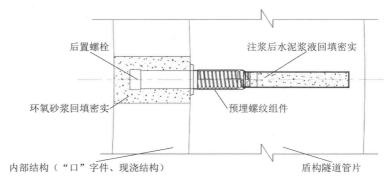

图 2.4-3　盾构隧道管片与内部结构连接大样图

本隧道于 2021 年 10 月 9 日贯通，2022 年 12 月 5 日通车运营，截至目前，盾构隧道衬砌环管片与"口"字形件连接牢靠，运营情况良好。

第三章 TBM 隧道结构优化技术

第一节 衬砌环支撑技术

一、技术背景

从安全性和工效上考虑，护盾式 TBM 隧道宜优先选用全环预制拼装钢筋混凝土管片结构。施工过程中，预制管片衬砌结构需在盾尾拼装完成后再脱出盾尾；护盾式 TBM 一般无盾尾密封装置，不能采用同步注浆来及时充填衬砌环壁后空隙，因此当管片结构脱出盾尾时，其悬空于开挖轮廓中，在重力作用下会自然下沉。按照护盾式 TBM 隧道施工工序，管片衬砌结构脱出盾尾后，需对管片壁后空隙进行豆砾石吹填，但由于豆砾石吹填密实度不可控，因此管片衬砌结构易在自重、施工荷载作用下发生沉降或二次变形。基于以上各种因素，护盾式 TBM 管片衬砌隧道椭圆度超标、错台、渗漏水等问题较为突出，最终严重影响隧道的成型质量和后期的安全运营。图 3.1-1 为某 TBM 隧道管片衬砌错台及渗漏水照片。

图 3.1-1 某 TBM 隧道管片衬砌错台及渗漏水

二、技术介绍

护盾式 TBM 一般无盾尾密封，根据管片衬砌环拼装情况，在盾尾下方左右侧对称分别开一条长 1m、宽 0.2m 的条形槽。如图 3.1-2 所示，在预制管片外侧包络性地预埋套筒，每环管片拼装前根据拼装点位将四个仰拱支撑构件对称安装于隧道中轴线两侧的仰拱管片预埋套筒上，管片衬砌结构拼装完成后在盾尾开槽位置直接坐落在隧道开挖轮廓面上，以有效解决管片衬砌结构脱出盾尾自然下沉及后期变形问题。

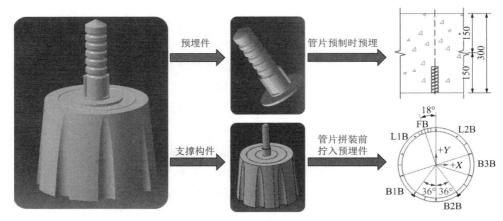

图 3.1-2　衬砌环支撑技术原理示意图（尺寸单位：mm）

三、技术特点

本技术设计了模块化拼装式的管片衬砌环支撑组件，其技术特点如下：

（1）衬砌环支撑组件包括预埋套筒和支撑构件。

（2）预埋套筒和支撑构件为独立的标准模块，通过模块化拼装组装成整体。

（3）预埋套筒在管片生产时预埋于管片外侧，支撑构件在衬砌环拼装前，安装于仰拱管片预埋套筒上。

（4）根据支撑组件的结构和构造特点，同步设计了支撑构件安装工具。

四、技术要点

衬砌环支撑技术设计了模块化拼装式的衬砌环支撑组件，组件包括预埋套筒和支撑构件，其技术特征如下。

如图 3.1-3 所示，衬砌环支撑组件中的预埋套筒在管片生产时，按照可能的拼装点位，包络性地在外弧面预埋；现场进行衬砌环拼装时，根据实际的拼装点位，每环衬砌环在每个条形槽处安装 2 个支撑构件，共计 4 个。

如图 3.1-4 和图 3.1-5 所示，预埋套筒的外端设计了与预制管片外壁相贴合的定位盘，靠近定位盘的下段外壁上沿环向间隔设置竖向延伸的止转槽，上段外壁设置环形防脱槽；如图 3.1-5 所示，预埋套筒内孔竖向贯通定位盘，下端为环形端口，上端封闭，环形端口与上端之间为内螺纹段；如图 3.1-6 所示，预埋套筒埋入预制管片时在其环形端口上安装封闭内螺纹段的止浆盖。

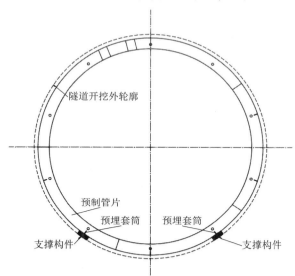

图 3.1-3　衬砌环支撑组件安装断面图

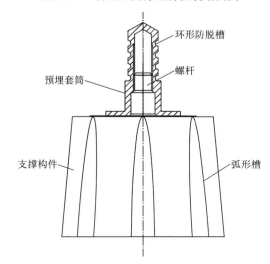

图 3.1-4　衬砌环支撑组件立面图

如图 3.1-7 所示，支撑构件由垫块和螺杆构成，螺杆下部嵌入垫块内，上部与预埋套筒的内螺纹段螺纹连接；垫块为上小下大的锥台，为方便安装操作，在其环形侧壁上沿周向间隔设置竖向延伸的弧形槽，并且在垫块的底面上沿周向间隔设置圆孔。

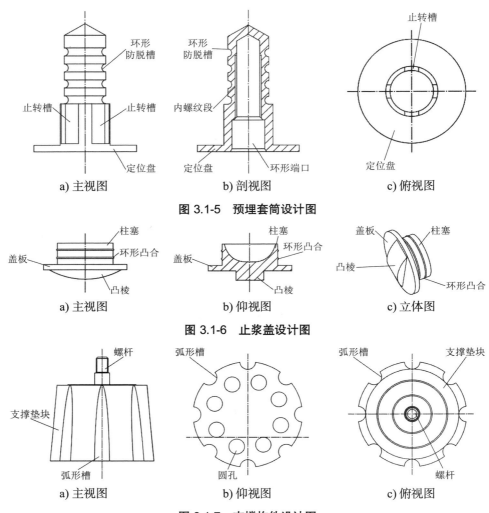

图 3.1-5 预埋套筒设计图

图 3.1-6 止浆盖设计图

图 3.1-7 支撑构件设计图

根据衬砌环支撑组件特点，设计了支撑构件手工安装工具和电动安装工具，如图 3.1-8 和图 3.1-9 所示。手工安装工具由圆盘状主体、定位抗剪杆和旋转把手组成；圆盘状主体由内、外环和辐条三部分组成；在内盘设置与支撑构件底部圆孔匹配的定位抗剪杆，在外盘设置径向和轴向旋转把手；现场安装支撑构件时，将定位抗剪杆插入支撑构件底部圆孔，手动旋转径向（或轴向）把手即可进行构件安装。电动安装工具由转换筒、定位抗剪杆和转换接口组成；转换筒的前端为环形平台，环形平台端面上设置定位抗剪杆；转换筒后端设置转换接口，该转换接口与电动工具前端套筒相适配；现场安装支撑构件时，将适配的电动工具插入转化接口，通电即可进行支撑构件安装。

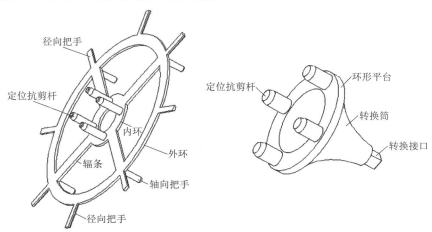

图 3.1-8　支撑构件手工安装工具　　图 3.1-9　支撑构件电动安装工具

五、工程应用

本技术已经成功应用于青岛地铁 4 号线、2 号线一期调整段、6 号线等项目的双护盾 TBM 区间隧道工程，很好地解决了管片脱出盾尾自然下沉、衬砌环壁后豆砾石充填不密实引起的隧道椭圆度超标、错台、渗漏水等工程问题，大幅提高了 TBM 隧道的成型质量；降低了因成型隧道质量整改施工对隧道内后续其他安装工程的不利影响，同时也节省了注浆堵漏的费用。采用本技术施工的双护盾 TBM 隧道如图 3.1-10 所示。

图 3.1-10　施工中的双护盾 TBM 隧道

第二节　可调节预制仰拱块同步施工技术

一、技术背景

敞开式 TBM 隧道常用的支护形式有锚喷单层衬砌、全环复合式衬砌和"预制仰拱块＋复合式衬砌"三种。锚喷单层衬砌对围岩的完整性和稳定性要求比较高，一般情况下较少采用；全环复合式衬砌结构中的二次衬砌不能紧跟初期支护施工，只能在隧道贯通后再施作，增加了隧道建设周期且加大了施工期的安全风险；"预制仰拱块＋复合式衬砌"结构中的上部二次衬砌可紧跟 TBM 隧道掘进同步施工，采用该结构形式的敞开式 TBM 隧道具有施工速度快、投资小、施工安全性高等优点。

二、技术介绍

如图 3.2-1～图 3.2-5 所示，预制仰拱块位于隧道底部，其外侧为与隧道开挖轮廓线相匹配的圆弧面，圆弧面上对称布置可调节仰拱块高度的组件。仰拱块内侧设置两个台阶面，位于中部的第一台阶面为 TBM 施工提供出渣空间（采用轨道出渣方案时），为进料轨道系统的安装提供条件；位于两侧的第二台阶面为二次衬砌施工轨道系统提供安装条件。同时，可根据需要在仰拱块环向端面接缝处设置密封垫防水接缝槽。

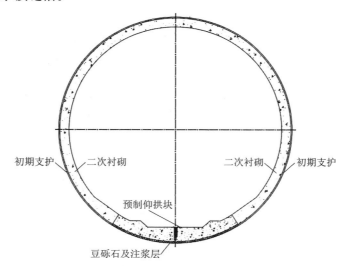

图 3.2-1　"预制仰拱块＋复合式衬砌"结构隧道断面图

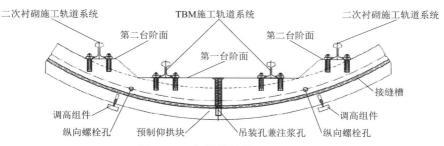

图 3.2-2 仰拱块结构正立面图

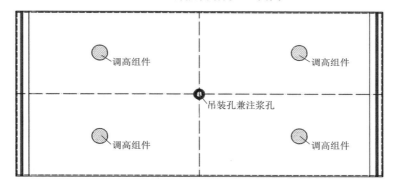

图 3.2-3 仰拱块结构仰视图

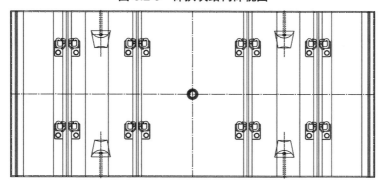

图 3.2-4 仰拱块结构平面图

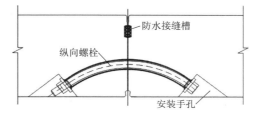

图 3.2-5 仰拱块端面接缝图

三、技术特点

预制仰拱块为敞开式 TBM 隧道"预制仰拱块+复合式衬砌"的下部结构，仰拱块外侧为与隧道开挖轮廓线相匹配的圆弧面，内侧设置两个台阶面，端面接缝设置防水接缝槽。

为适应不同地质敞开式 TBM 隧道上部复合式衬砌结构的厚度变化，每个预制仰拱块外侧弧面对称布置可调整仰拱块安装高度的调高组件，达到 TBM 隧道仰拱块与复合式衬砌内表面平滑顺接的目的。在敞开式 TBM 隧道掘进过程中，设置在仰拱块内侧台阶上的轨道系统，可同时为施工出渣运料、TBM 后配套台车、隧道上部二次衬砌模板台车提供行走平台，做到边掘进隧道、边施作隧道上部二次衬砌结构，达到缩短工期、降低工程造价和保证施工期间的安全目的。在有防水要求的段落，根据需要在仰拱块环向端面处接缝设置弹性密封垫防水接缝槽。

四、技术要点

（1）预制仰拱块为敞开式 TBM 隧道"预制仰拱块+复合式衬砌"的下部结构，位于隧道底部。

（2）仰拱块外侧为与隧道开挖轮廓线相匹配的圆弧面，每个仰拱块外侧对称布置 4 个调高组件。调高组件由仰拱块工厂生产时的预埋螺纹套筒和仰拱块现场安装前旋拧于预埋螺纹套筒上的支撑构件组成，支撑构件安装时通过旋拧螺纹杆在套筒中的深度达到调节仰拱块初始安装高度的目的。

（3）仰拱块内侧设置两个台阶面，位于中部的第一台阶面为 TBM 施工提供出渣空间（采用轨道出渣方案时），为进料轨道系统的安装提供条件；位于两侧的第二台阶面为二次衬砌施工轨道系统的安装提供条件。

（4）预制仰拱块内侧重心处设置吊装注浆孔，在预制仰拱块安装阶段作为吊装孔，当仰拱块安装就位后，该孔作为吹填豆砾石及壁后压浆的通道。

（5）根据需要可在仰拱块环向端面接缝设置防水接缝槽，通过在防水接缝槽中设置压缩弹性密封垫达到预制仰拱块接缝防水的目的。

第三节　复合式衬砌优化技术

一、技术背景

敞开式 TBM 适用于强度和整体性均较好的岩质地层，隧道衬砌主要采用全环复合式衬砌和"预制仰拱块+复合式衬砌"结构形式，初期支护包括钢筋网、锚杆、喷射混凝土和型钢（或格栅）钢架，二次衬砌为现浇钢筋混凝土。城市轨道交通领域认为初期支护为临时支护体系，在检算结构长期安全性时一般不计入初期支护，因此在工程地质条件较好的Ⅱ、Ⅲ级围岩地层中，喷射混凝土是否需要保持较厚，同时较大间距的型钢（通常1.0～1.5m/榀）设置是否具有实际价值，这些问题值得深入思考；因此若能减小喷射混凝土的厚度，并尽早实施二次衬砌，对保证施工过程中的结构安全具有重要意义。

二、技术介绍

在工程地质条件较好的Ⅱ、Ⅲ级围岩地层中，在保证施工及运营安全的前提下，取消初期支护中的型钢（或格栅）钢架，将初期支护钢筋网喷射混凝土层的功能由承载构件转变为构造和找平层，最大限度地减薄初期支护厚度；采用现浇钢纤维混凝土（或少筋钢筋混凝土）代替传统现浇钢筋混凝土二次衬砌结构。

综合考虑施工组织与施工安全，现场二次衬砌与掌子面的距离应保持在安全、合理的范围内。

三、技术特点

（1）本结构主要使用在工程地质条件较好的Ⅱ、Ⅲ级围岩地层中。
（2）系统锚杆的主要功能为悬吊和组合作用。
（3）当原设计中的型钢（或格栅）钢架的间距达到1.0m时，可考虑取消。
（4）钢筋网喷射混凝土的主要功能为构造和找平层。
（5）二次衬砌采用现浇钢纤维混凝土或少筋钢筋混凝土。
（6）施工中，二次衬砌与掌子面距离应保持在安全、合理的范围内。

四、技术要点

如图3.3-1所示，敞开式TBM复合式衬砌结构包括初期支护和二次衬砌两部分，其中初期支护由锚杆和喷射混凝土构成，二次衬砌为现浇钢纤维混凝土（或少筋钢筋混凝土）结构，初期支护与二次衬砌之间设置全包防水层。

结合图3.3-1和图3.3-2，以直径6.5m敞开式TBM隧道为例，敞开式TBM复合式衬砌结构的施工工序与参数如下：

（1）敞开式TBM掘进形成圆形隧道毛洞，安装锚杆。通常，在距离TBM刀盘10～15m处安装锚杆，锚杆选用直径18～25mm、长2.5～3.5m的中空注浆锚杆（或低预应力/砂浆锚杆），锚杆在隧道内按间距0.8～1.5m、径向梅花形布置于隧道拱顶90°～150°范围内。

（2）施作钢筋网+喷射混凝土层。通常，钢筋网钢筋直径为6.5～8.0mm、网格间距150～200mm，喷射混凝土为细石混凝土（地层破碎段可选用钢纤维混凝土），喷射混凝土厚40～100mm，强度等级C25。

（3）施作全包防水层。通常，防水层选用厚1.5～5mm的防水板、防水卷材。

（4）施作二次衬砌。通常，二次衬砌为现浇钢纤维混凝土（或少筋钢筋混凝土）结构，厚250～400mm，具体根据力学计算确定；二次衬砌强度等级为CF30～CF40（或C35～C40）。

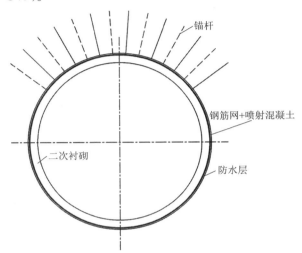

图 3.3-1　敞开式 TBM 复合式衬砌结构横断面图

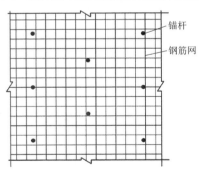

图 3.3-2　敞开式 TBM 复合式衬砌结构锚杆布置示意图

第四章 管片壁后注浆与充填技术

第一节 盾构管片壁后增强注浆技术

一、技术背景

盾构隧道施工过程中,预制管片衬砌环结构需在盾体内拼装完成后再推出盾尾,因此盾构机的开挖直径略大于预制管片衬砌环的外径;同时为防止盾构隧道施工对周围环境造成较大影响,在盾构预制管片衬砌环推出盾尾后,需尽快将管片衬砌环与地层之间的空隙填充密实。目前行业内的通常做法是:首先采用同步注浆措施,如图 4.1-1 所示,在预制管片衬砌环推出盾尾后,采用水泥砂浆、石膏、膨润土等惰性材料,通过盾构机上设置的管片壁后注浆口(每台盾构机设 4~6 个,基本均分于隧道结构的拱肩和拱腰处)对管片壁后空隙进行及时低压填充;其次采用二次注浆措施,在拼装完成一定数量的管片衬砌环(通常为 20~40 环)后,采用水泥砂浆、石膏、膨润土等材料,通过预制管片上的预埋壁后注浆管(有时该孔还兼具管片吊装孔),如图 4.1-2 所示,对同步注浆过程中遗留的空隙和不密实的区域再次进行低压填充。

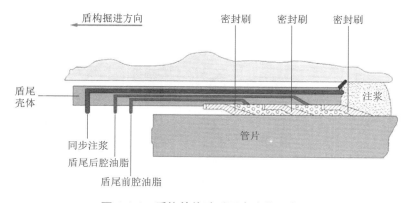

图 4.1-1 盾构管片壁后同步注浆示意图

由于盾构机盾尾注浆口数量和布置等客观条件的限制,同步注浆材料只能尽可能多的填充管片衬砌环与地层之间的空隙,管片衬砌环背后必然存在"注浆空洞"和"块状注浆区域",因此二次注浆就成了填充以上"注浆空洞"和改善以上"块状注浆区域"的必要措施;但预埋在预制管片上的地层注浆孔数量有限(通常每块预制管片上布置一个地层注浆孔,特殊情况可布置三个),且注浆孔均为点状分布,因此很难从根本上解决管片衬砌环背后"注浆空洞"和"块状注浆区域"这一难题。

图 4.1-2　盾构管片壁后二次注浆管

针对上述问题,目前有两个思路:一是尽可能多地增加盾构机盾尾注浆口数量并优化其布置,二是改进预制管片衬砌壁后的地层注浆装置。由于前者与盾构设备及工法本身等关系密切且牵涉面广泛,因此,选择后者,即对预制管片衬砌壁后的地层注浆装置进行改进,是一个较为理想的选择。

二、技术介绍

如图 4.1-3 和图 4.1-4 所示,在保留传统盾构管片壁后注浆管(二次注浆预埋件)优点的同时对其进行优化和拓展:通过采用注浆主套管、多通连接管、支管和出浆管等主要构件的组合,将传统的盾构壁后二次注浆由点式拓展为放射状线型或网格状面型,命名为盾构管片壁后注浆增强装置。

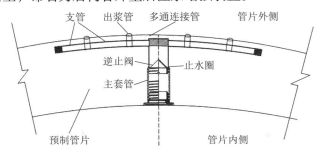

图 4.1-3　盾构管片壁后注浆增强装置概念图

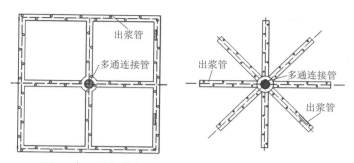

图 4.1-4　盾构管片壁后注浆增强装置出浆管布置图

盾构管片壁后注浆增强装置主要构件有如下特点：主套管由延长段和内螺纹段构成，预埋于预制管片衬砌中，其内螺纹段外端口与预制管片衬砌隧道内侧表面相通，延长段与多通连接管主管相连；多通连接管，主通与主套管延长段相连，支通与支管相连；支管由多个标准件组成放射状或"田"字网格状预埋于预制管片衬砌外侧，分别连接多通连接管、中间出浆管和端部出浆管；出浆管一端连接具有逆止功能的出浆嘴，其余端连接支管。

主套管内逆止阀外壁具有与注浆套管内螺纹段相适配的螺纹，旋拧安装在内螺纹段的里端；主套管内止水圈套装于注浆套管环形凸肩处。

三、技术特点

图 4.1-5 为盾构管片壁后注浆增强装置构造图，综合图 4.1-4 和图 4.1-5，盾构管片壁后注浆增强装置有如下主要技术特点。

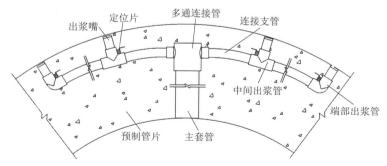

图 4.1-5　盾构管片壁后注浆增强装置构造图

（1）盾构管片壁后注浆增强装置包括主套管、多通连接管、中间出浆管、端部出浆管、出浆嘴和连接支管。主套管的一端连通管片内缘，另一端连接多通连接管；中部出浆管通过连接支管与多通连接管、其他中部出浆管或端部出浆管相连，端部出浆管通过连接支管与中部出浆管相连，中部出浆管和端部出浆管为多通或双通连接管，出浆管端部连接出浆嘴；出浆嘴与出浆管连接，设出浆逆止阀，出浆逆止阀与管片外缘平齐。

（2）从盾构隧道管片内侧注入主套管的浆液经多通连接管、多个连接支管和出浆管组成的放射状或"田"字网格状的管片壁后注浆点出浆嘴完成盾构隧道管片壁后注浆。

（3）出浆嘴与出浆管通过 10～15mm 可调节螺纹接口连接；出浆嘴具有一定的逆止功能，能承受通常的浆液回流压力。

（4）本装置各组件在工厂标准化预制，预制件尺寸可根据盾构管片具体厚度和分块单独调整，统一的接口可使现场组装变的灵活快捷。

（5）出浆管设置耐高温、低传热、可焊接的定位片，定位片安装时与管片钢筋笼进行电焊连接。

（6）主套管内逆止阀外壁具有与注浆套管内螺纹段相适配的螺纹，旋拧安装在内螺纹段的里端；主套管内止水圈套装于注浆套管环形凸肩处。

（7）该装置不仅可应用于盾构管片同步注浆之中，还可应用于各类型装配式衬砌等地下工程结构中，如顶管法施工预制箱涵、矿山法施工隧道衬砌、地铁装配式主体结构等，尤其适用于结构和地层之间、结构和结构之间存在细微空隙需填补注浆的工程之中。该装置能满足及时、均匀、全面的管片壁后注浆要求，进而确保盾构隧道工程的施工与运维质量。

四、技术要点

1. 装置关键技术

图 4.1-6 和图 4.1-7 为盾构管片壁后注浆增强装置及主要构件工装设计图，图 4.1-8 为盾构管片壁后注浆增强装置部分构件组装实物图，综合图 4.1-6～图 4.1-8，盾构管片壁后注浆增强装置有如下关键技术：

（1）多通连接管既需满足同步注浆实施的主关节左右两端（或多端）分流连通要求，还需满足后期捅破多通连接管管帽、管片保护层进行管片壁后注浆的构造要求。

（2）中部和端部出浆管预埋安装既需准确定位确保管片混凝土保护层厚度，又需实现与盾构管片钢筋的可靠连接。

（3）因现场存在安装误差，出浆嘴与中部和尾部出浆管的连接长度应可调，以确保出浆嘴在管片外表面的露头率。

（4）出浆嘴应具有一定的逆止功能，以确保壁后注浆材料能将管片与地层之间空隙充填密实的注浆效果。

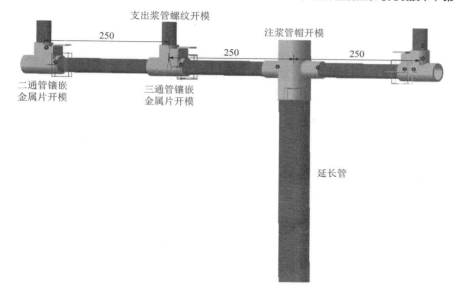

图 4.1-6　盾构管片壁后注浆增强装置工装设计图（尺寸单位：mm）

a) 多通连接管　　　b) 中间出浆管　　　c) 端部出浆管　　　d) 出浆嘴

图 4.1-7　盾构管片壁后注浆增强装置主要构件工装设计图

图 4.1-8　盾构管片壁后注浆增强装置部分构件组装实物图

2. 安装与使用

在盾构管片钢筋笼绑扎完成、混凝土浇筑前，如图 4.1-9 所示，根据设计点位将拼装好的盾构管片壁后注浆增强装置通过定位片固定，确认无误后将定位片与钢筋进行点焊连接，拧动螺旋丝口调节出浆嘴高度（图 4.1-10），确保管片结构保护层厚度满足要求，确认无误后即完成该装置的安装。随后按程序进行合模、浇筑混凝土、压面（图 4.1-11）、开模等管片生产工序，管片养护、运输、安装要求同普通钢筋混凝土管片。

a) 安装　　　　　　　　　　　　b) 就位

图 4.1-9　盾构管片注浆增强装置在管片钢筋笼中的安装、就位

图 4.1-10　装置出浆嘴在管片中的出露　　图 4.1-11　工厂管片混凝土压面

管片拼装完成后，将注浆泵与主套管管口连接，对管片与地层之间的空隙进行全面、均匀、分散性注浆，通过保压控制，可一次性完成管片壁后注浆，主套

管逆止阀可阻止停止注浆后的浆液回流。壁后注浆浆液凝固后，通过专用工具对多通连接管管帽开孔，可进行盾构隧道管片壁后较远端地层深孔注浆。全部注浆工作完成后，将主套管螺旋盖板旋入主套管管片内壁孔口端。

五、工程应用

本盾构管片注浆增强装置已成功应用于新建南宁至崇左铁路留村隧道、成浦铁路引入成都枢纽西环线紫瑞隧道、新建成都至自贡铁路锦绣隧道等铁路盾构隧道工程和青岛地铁4号线城市轨道交通盾构隧道工程中，该装置还将应用于市政、公路、铁路、城市轨道交通等盾构和TBM隧道工程中。

现场应用表明，盾构管片注浆增强装置能够从盾构隧道内部将管片衬砌环与地层之间的空隙填充密实，有效控制盾构隧道上方地层及地表沉降值，保证盾构隧道施工过程中周边既有建（构）筑物的安全，同时避免了特殊工况需从地表采取工程措施的困境，工程和社会效益显著。

盾构管片壁后增强注浆装置约为盾构管片造价的1‰～1.5‰，工程投资增加较小；与目前常用的点式管片注浆管隧道后期约0.2～0.3万元/延米[部分特殊周边环境或近接重要建（构）筑物的费用甚至达0.5～0.6万元/延米]的处置费用相比，具有明显的工程经济优势。

第二节　TBM 管片吊装吹填压浆技术

一、技术背景

TBM早期主要应用于水工、铁路隧道，随着城市轨道交通工程的全面发展，TBM工法也应用到城市轨道交通岩质地层区间隧道工程中。由于特殊的城市周边环境和复杂的浅埋工程地质条件，城市轨道交通岩质地层区间隧道一般选用护盾式TBM施工，如重庆地铁6号线区间隧道选用单护盾式TBM施工、青岛地铁2号线及后续线路区间隧道选用双护盾式TBM施工；隧道衬砌结构一般选用地质适应性强、施工快速的预制钢筋混凝土管片衬砌环结构。

根据工法特点和施工组织要求，TBM工法管片需设置吊装管片的支点、吹填豆砾石的通道和管片壁后压浆的通道，为满足以上要求，通常采用在预制管片中预埋用于管片吊装和壁后压浆的吊装压浆预埋件，再单独设置豆砾石吹填孔的工程方式，如图4.2-1所示。实际工程表明，在管片上分别设置吊装压浆预埋件和吹填孔存在以下不足：

（1）吊装压浆预埋件和吹填孔均需尽量设置在预制管片重心附近，为克服距离较近连续设孔对预制管片衬砌结构性能影响较大的不足,实际施工时将吹填孔位置进行了调整,但也会对豆砾石吹填效果产生一定的影响。

(2)吹填孔为简单的管片预留孔,既无压浆时的浆液逆止措施,也无专门的防水措施,因此管片壁后压浆时浆液会从吹填孔回流到隧道内,不但会降低压浆质量,还会污染隧道施工环境,同时地下水也会通过该通道渗入隧道中,影响隧道工程质量和运维环境。

(3)分开设置的吊装压浆预埋件和吹填孔,增大了管片加工和管理难度。

图 4.2-1　分别设置 TBM 管片吊装压浆预埋件和吹填孔的管片

二、技术介绍

综合考虑 TBM 隧道预制钢筋混凝土管片吊装、吹填豆砾石和壁后压浆功能需求,对设置于管片重心附近处的吊装压浆预埋件进行优化、改进,使之在保证预埋件整体防水性的条件下,同时具备提供预制管片吊装支点、吹填豆砾石通道和防逆流管片壁后压浆通道三种功能,将改进后的预埋件称为 TBM 管片吊装吹填压浆组件。图 4.2-2 为设置 TBM 管片吊装吹填压浆组件的管片。

图 4.2-2　设置 TBM 管片吊装吹填压浆组件的管片

三、技术特点

如图 4.2-3 和图 4.2-4 所示,TBM 管片吊装吹填压浆组件具有如下技术特点:

（1）TBM管片吊装吹填压浆组件既包含吊装吹填管、逆止阀、螺旋盖板和止水圈，还包含配合管片吊装的吊装扣。

（2）组件中的各部件为独立的标准模块，通过模块化拼装形成整体。

（3）吊装吹填管和止水圈在管片生产时预埋于管片中，逆止阀、螺旋盖板在管片衬砌环拼装完成后按照指定的工序安装于吊装吹填管中。

a) 组件安装全景　　b) 吊装吹填管　　c) 逆止阀　　d) 止水圈　　e) 安装扣　　f) 螺旋盖板

图 4.2-3　TBM管片吊装吹填压浆组件实物图

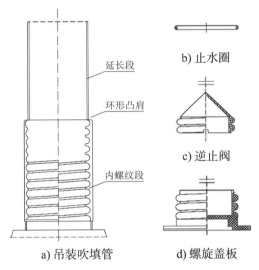

a) 吊装吹填管　　d) 螺旋盖板

b) 止水圈

c) 逆止阀

图 4.2-4　TBM管片吊装吹填压浆组件设计图

四、技术要点

1. 套件组成

TBM管片吊装吹填压浆组件既包含吊装吹填管、逆止阀、螺旋盖板和止水圈，还包含配合管片吊装的吊装扣。

吊装吹填管由内螺纹段和延长段构成，内螺纹段与延长段内部连通，内螺纹段外径略大于延长段外径，在两段交汇部位形成环形凸肩，在该环形凸肩延长段端部套装止水圈；内螺纹段长度为"逆止阀高度＋螺旋盖板高度＋合理富余量"，延长段长度为"管片厚度－螺旋段长度－螺旋盖板厚度";内螺纹段外端口较管片内侧表面略低(以便后期安装的螺旋盖板与管片内表面平齐),延长段外端口与管片外侧表面平齐;吊装吹填管在管片生产时预埋于管片重心部位。

逆止阀外壁具有与吊装吹填管内螺纹段相适配的螺纹,在管片衬砌环拼装完成并吹填壁后豆砾石后,旋拧安装于内螺纹段的里端;由于逆止阀突出的锥形头结构和锥面开条设计,能有效防止管片壁后压浆过程中的浆液逆流。

螺旋盖板在管片壁后压浆完成后通过螺纹连接于内螺纹段的外端口。

吊装扣下部为与吊装吹填管内螺纹段相适配的螺纹圆柱体,上部为与管片安装机匹配的连接结构。

2. 安装与使用

如图 4.2-5～图 4.2-7 所示,生产预制衬砌环管片时,将安装了止水圈的吊装吹填管预埋于管片重心处。现场掘进 TBM 隧道、拼装衬砌环管片时,将吊装扣的下端旋转安装到吊装吹填管的内螺纹段内,通过 TBM 管片拼装机对预制管片进行抓举、拼装形成 TBM 隧道衬砌环。完成隧道衬砌环结构拼装后,通过专用工具对吊装吹填管延长管端部开口,再用高压风管将豆砾石经吊装吹填管吹入隧道衬砌环管片壁后地层空隙,形成豆砾石吹填层;完成管片壁后吹填豆砾石后,将逆止阀旋入吊装吹填管内螺纹段顶端,插入注浆管对隧道衬砌环管片壁后豆砾石吹填层进行压浆;在隧道衬砌环管片壁后压浆完成后,将螺旋盖板旋入安装到吊装吹填管内螺纹段外端口。

图 4.2-5　吊装吹填管与钢筋笼在管片模具中安装就位

图 4.2-6　管片壁后吹填豆砾石

图 4.2-7　管片壁后压浆

3. 材料与指标

吊装吹填管与预制衬砌环管片的连接需满足预制衬砌环管片吊装和拼装过程中的抗拔、抗扭等力学要求，通常设计要求的抗拔荷载为预制衬砌环管片自重的 3～5 倍。

吊装吹填管的最小内径需满足吹填豆砾石的工艺要求，通常吊装吹填管内径为 100～150mm。

吊装吹填管、逆止阀和螺旋盖可采用聚氯乙烯（PVC）、塑料、尼龙、钢等材料。止水圈可采用三元乙丙橡胶、氯丁橡胶或遇水膨胀橡胶等耐腐蚀性橡胶材料。

五、工程应用

本 TBM 管片吊装吹填压浆技术已成功应用于青岛地铁 2 号线、1 号线、4 号线、8 号线等城市轨道交通 TBM 区间隧道工程中，总应用长度已超过 300km；下步计划推广应用到无水或贫水岩质地层 TBM 和盾构隧道工程中。

本技术将止水圈、逆止阀、螺旋盖结合吊装吹填孔使用，可保证施工期间的注浆质量，减少水泥浆液外漏造成的环境污染，改善了隧道内作业环境，有利于施工人员的身心健康。

由于本 TBM 管片吊装吹填压浆组件设置了逆止阀，根据统计，在达到同等注浆效果的前提下，可减少约 8% 的注浆量；同时本组件将吹填孔与吊装压浆预埋件合并设置，有效避免了传统吹填孔运维阶段因渗漏水封堵整治的麻烦。

第三节　TBM 管片壁后注浆梗技术

一、技术背景

护盾式 TBM 隧道管片衬砌结构需对管片壁后进行吹填豆砾石并回填注浆，但护盾式 TBM 一般无盾尾密封装置，因此回填注浆较掌子面滞后较长的距离。目前常规的做法是在距离盾尾 10～15 环管片处，通过管片的注浆孔施作 2～3 环管片长度的水泥-水玻璃止浆环，然后对两止浆环间的管片壁后进行回填注浆；由于预制管片注浆孔数量有限，对单环管片而言，其注浆孔均为较大间距离散的点状分布；因此，止浆环的成环品质以及管片背后回填注浆的时效性和质量均难以得到有效保障。注浆不及时及质量未得到保证的管片在外荷载作用下，易造成管片错台及隧道椭圆度超标，最终影响隧道的成型质量和防水质量。

二、技术介绍

TBM 管片壁后注浆梗设备包括吊装孔预埋件和环向出浆系统；其中吊装孔预埋件包括内螺纹段和延长段，内螺纹段与预制管片内缘相通，延长段与环向注浆管相连，接口处设置过滤网。环向出浆系统由环向注浆管和径向出浆管组成，环向注浆管与管片吊装孔预埋件连接；径向出浆管沿环向注浆管延伸方向间隔布设，内端与环向注浆管相连，外端与预制管片外表面平齐。

三、技术特点

护盾式 TBM 隧道掘进后，根据地质环境、线路转弯半径及掘进方向（上坡或者下坡）等因素间隔拼装带本壁后注浆梗装置的预制管片，管片脱出盾尾、豆砾石吹填完成后，即可通过本技术灌注水泥-水玻璃浆液，浆液沿环向布设的注浆管和径向出浆管扩散，凝固形成整环止浆环，然后对两止浆环间的管片进行常规的壁后回填注浆。通过将常规的"点状"止浆环施作模式优化为"线状"模式，使止浆环和管片回填注浆的及时性大幅提前，同时提升了止浆环的成环质量，最终可确保隧道的成型质量和防水质量。

四、技术要点

TBM 管片壁后注浆梗技术由吊装孔预埋件和环向出浆系统组成，如图 4.3-1 所示；其中吊装孔预埋件分为内螺纹段和延长段两段，内螺纹段与预制管片内缘相通，延长段与环向注浆管相连，接口处设置过滤网，如图 4.3-2 所示；径向出浆管沿环向注浆管延伸方向间隔布设，内端与环向注浆管相连，外端与预制管片外表面平齐，如图 4.3-3 所示。

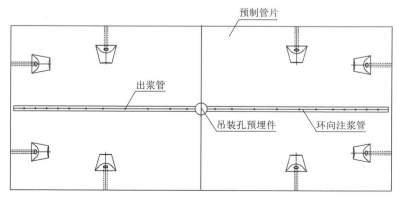

图 4.3-1　TBM 管片壁后注浆梗技术示意图

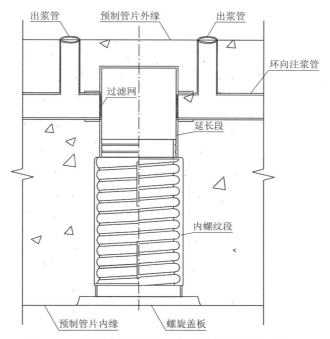

图 4.3-2 吊装孔预埋件和环向出浆系统构造示意图

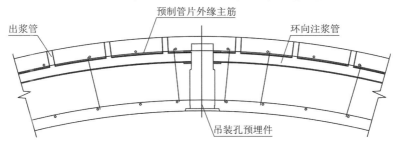

图 4.3-3 出浆管环向布置示意图

环向注浆管布置于预制管片外缘主筋内侧；径向出浆管布置间距应考虑注浆扩散过程中的压力损失，离吊装孔越远间距可适当加密。为避免预制管片预制过程水泥浆液进入径向出浆管，出浆管外端应进行临时封堵，待预制管片生产完工后，再摘除临时封堵，提供后期浆液渗流通道。

预制管片安装脱出盾尾后，凿除延长段外侧混凝土，吹填豆砾石；为避免豆砾石进入环向注浆管堵塞通道，在环向注浆管与延长段接口处设置过滤网。

第五章 结构防排水技术

第一节 管片密封垫主动压密技术

一、技术背景

盾构隧道衬砌由预制管片拼接而成,管片间缝隙通常采用可压缩的弹性密封垫作为主要防水措施。由于受到工程地质条件、施工水平与施工质量等因素影响,盾构隧道容易出现管片错台、接缝张开等质量问题,严重时会影响到隧道工程的防水效果。

目前,国内盾构隧道管片在拼装时,主要靠盾构机千斤顶推力、螺栓紧固力和地层作用力等外部荷载,将管片接缝弹性密封垫挤压密实,以达到防水效果。但若管片出现较大的错台、接缝张开等质量问题,管片接缝间(尤其是环缝位置)压力和螺栓紧固力将发生较大变化(图5.1-1),必将导致弹性密封垫难以保持较好的压密状态,进而影响管片接缝防水效果。

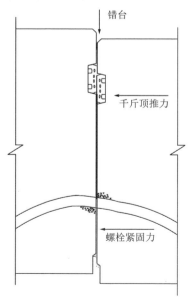

图 5.1-1　管片错台示意图

二、技术介绍

管片接缝密封垫防水能力主要取决于两方面，一是接缝两侧密封垫压紧后的接触面积，二是接缝两侧密封垫的接触压力。管片错台将引起接缝两侧密封垫接触面积减小，螺栓的挤压变形与较大的接缝张开量将导致密封垫的有效压应力损失，降低密封垫防水性能。

为了提高管片接缝密封垫的防水性能，可对松弛的密封垫接触压力进行主动补偿。基于以上思路，如图 5.1-2 所示，在盾构隧道管片接缝密封垫背后设置弹簧装置，通过预应力释放的方式，主动增加密封垫接触压力，由此实现提高管片接缝防水能力的目的。

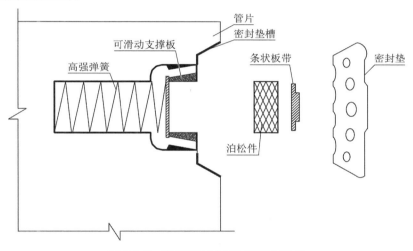

图 5.1-2　密封垫主动压密装置组件图

三、技术特点

（1）密封垫主动压密装置运用预应力原理，对螺栓变形、管片接缝张开等不利工况下的管片接缝密封垫接触压力进行主动补偿，不仅能保证常规工况管片接缝的防水效果，还能明显提高较大的管片错台与接缝张开等特殊工况下密封垫的接触压力，进而提高管片接缝的防水能力。

（2）密封垫防水效果不再完全依赖于千斤顶和螺栓的作用，密封垫主动压密装置可确保管片接缝在无螺栓连接（如卡扣式连接）或千斤顶压紧效果不足（如双护盾模式施工）工况下的防水能力与效果，有效拓展了管片接缝密封垫的应用场景。

四、技术要点

1. 主要构件

如图 5.1-3 所示，高强弹簧为线状受力模式，通过条状板带，将线状高强预压力转换为均匀的面状密封垫压密荷载；泊松件具备双向变形能力，受压时可将厚度转化为长度，以此达到受力后推开可滑动支撑板的功能要求；可滑动支撑板在泊松件受压前，为保持弹簧压缩状态的关键部件，其安装稳定性和抗扰动能力是本技术的关键；密封垫构造需要进行针对性设计，以确保条状板带荷载最大程度转化为密封垫压密荷载。

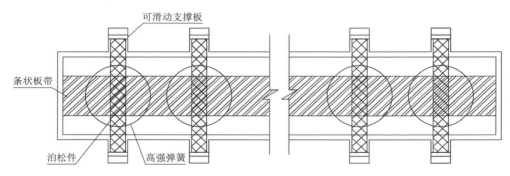

图 5.1-3　线状弹簧荷载转换为面状板带荷载原理图

如图 5.1-4 所示，在盾构隧道拼装过程中，管片安装就位时，泊松件在盾构机千斤顶推力作用下受压伸长，推开可滑动支撑板后，被预压缩的高强弹簧回弹反压泊松件，由此将弹簧预压力通过条状板带传递到密封垫上。

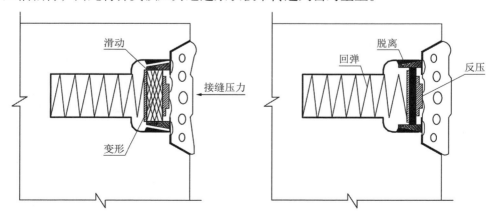

图 5.1-4　密封垫主动压密装置工作状态

2. 安装工序

密封垫主动压密装置作为整体构件在工厂生产加工，管片生产时预留安装孔洞，现场管片拼装前将其整体装入管片预留安装孔洞即可。

第二节 管片带定位榫接缝防水技术

一、技术背景

管片接缝防水是盾构隧道结构防水的重难点，是盾构隧道建设质量关键指标之一。受到工程和水文地质条件、密封垫材料和管片拼装质量等因素影响，以图 5.2-1 所示的弯螺栓管片接缝渗流通道为代表，管片接缝渗漏水通过螺栓孔道渗入隧道内部这一难题，一直没有较好的处置方案。目前常用的处置方案是在管片螺栓手孔垫圈处设置一圈遇水膨胀的橡胶圈，以避免渗漏水滴落，但此时渗漏水已与螺栓接触，将影响螺栓的耐久性（尤其在有腐蚀性地下水的地层中），给盾构隧道长期运营安全带来隐患。

二、技术介绍

结合第二章第一节中的接缝构造及定位榫部件，如图 5.2-2 所示，通过在定位榫外周表面设置导流槽，并在定位榫两端面设置全周隔水密封圈，借助施工过程中盾构机千斤顶的压紧作用与螺栓的拉紧作用，将密封垫压紧于管片榫眼（或榫槽）和定位榫间，以此形成良好的导流和密封路径，达到有效阻断渗漏水进入螺栓孔道的目的。

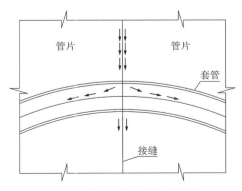

图 5.2-1 常规弯螺栓管片接缝渗流通道示意图

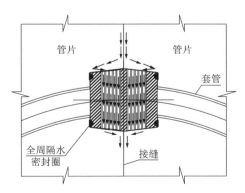

图 5.2-2 带定位榫弯螺栓管片接缝渗流通道示意图

三、技术特点

（1）在定位榫外周表面设置导流槽，可引导管片接缝渗漏水从接缝流走，而不进入螺栓孔道。

（2）结合定位榫与螺栓同孔设置特点，定位榫两端面设置全周隔水密封圈，可隔断从接缝到定位榫内部与螺栓孔道的渗漏水通道。

（3）本技术参考管片接缝弹性密封垫压密防水原理，充分利用盾构机千斤顶的压紧作用与螺栓的拉紧作用，防水效果优于遇水膨胀橡胶圈。

四、技术要点

1. 定位榫

定位榫外周表面设置渗漏水导流槽（图 5.2-3），可将接缝管片接缝渗漏水引导从接缝流走，避免进入螺栓孔道。

图 5.2-3　定位榫外周表面设渗漏水导流槽

定位榫采用不透水材质，且满足抗渗性和耐久性要求。

2. 管片榫眼与榫槽

预制管片的榫眼与榫槽表面应平整、密实，并应确保制造精度，在定位榫安装前应清除浮渣，确保密封垫压紧后的止水效果，必要时可在定位部件安装前铺设一层柔性垫板。

3. 密封垫

密封垫采用注塑工艺与定位榫形成整体，随定位榫一并安装就位，如图 5.2-4 所示。增加密封垫后的定位榫整体长度应略大于管片榫眼与榫槽的长度和，以便形成满足设计抵抗渗漏水水压的密封垫压缩量。

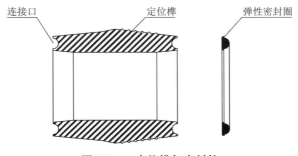

图 5.2-4　定位榫与密封垫

第三节　TBM 隧道防排水构造优化技术

一、技术背景

当敞开式 TBM 隧道采用"预制仰拱块＋复合式衬砌"结构形式时，下部预制仰拱块采用预制件接缝防水模式，上部复合式衬砌采用初期支护与二次衬砌间设置防水层的全包防水模式。由于 TBM 隧道一般埋深较大、水头较高，一方面为避免全隧道采用全包防水模式导致下部仰拱块、上部二次衬砌结构厚度增加较多，影响工程经济性；另一方面为避免结构长期承受高水压导致接缝和结构渗漏水，给隧道运维带来隐患，通常将预制仰拱块与复合式衬砌间的接缝防水设计为"限量排放"模式。

由于隧道周边的地下水与隧道上部复合式衬砌中的喷射混凝土发生钙化反应，同时隧道施工时不可避免将发生注浆窜浆、浇筑混凝土漏浆等状况，再加上限量排放过程中地下水携带的细小颗粒的沉积等原因，TBM 隧道"预制仰拱块＋复合式衬砌"结构预制仰拱块与复合式衬砌间的"限量排放"接缝排水系统极易发生堵塞，堵塞后的水压对二次衬砌的作用力将达到设计值的数倍，由此将给隧道结构带来很大的安全隐患。

二、技术介绍

本技术适用于采用"预制仰拱块＋复合式衬砌"结构形式的 TBM 隧道，上部复合式衬砌初期支护、二次衬砌之间设置防水板，防水板与初期支护之间沿隧道纵向间隔设置排水板；在隧道两侧拱脚位置设置纵向排水管，并间隔设置横向泄水管，横向泄水管内端与该侧纵向排水管连接，末端位于二次衬砌结构外侧，实现排水需要；间隔设置的排水板环向末端与该侧纵向排水管连通。在隧道两侧拱脚处每间隔 2 或 3 个横向泄水管的距离扩挖一处排水系统检修井。

三、技术特点

本技术可大幅度减小上部二次衬砌厚度，对城市轨道交通单洞单线隧道而言，二次衬砌厚度可取规范要求的最小值（250mm），配筋仅按构造配筋即可，可节省工程投资；通过设置的排水系统检修井，可对纵向排水管进行清洗和检修，降低后期排水管路堵塞的风险，确保衬砌结构的安全。

四、技术要点

如图 5.3-1 和图 5.3-2 所示，与常规 TBM 隧道复合式衬砌防水构造相比，本防水构造在上部复合式衬砌全包防水结构中，初期支护与二次衬砌之间的防水层设置环向排水板、纵向排水管和横向泄水管，以此实现 TBM 隧道上部结构地下水的有序、定向引流与排放。

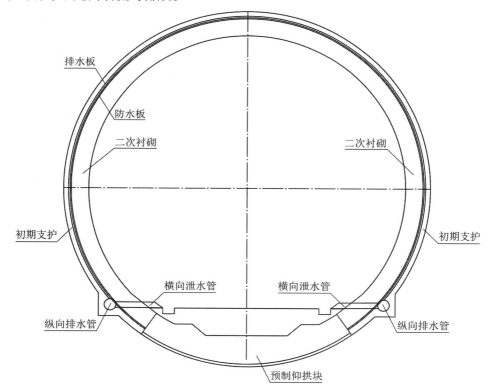

图 5.3-1　TBM 隧道防排水横断面图示意图

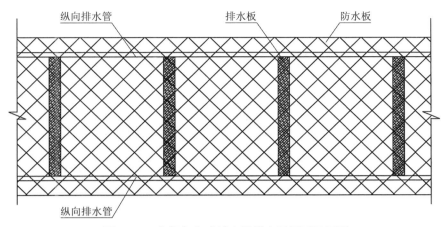

图 5.3-2　上部复合式衬砌防排水层平面展开图

在隧道两侧拱脚预制仰拱块上方间隔设置排水系统检修井，如图 5.3-3、图 5.3-4 所示，以此实现运营期对排水管的清洗，最大限度防止排水系统堵塞。

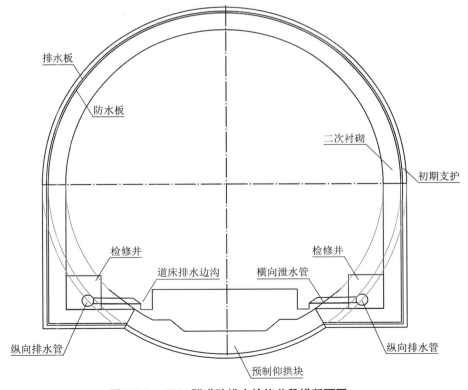

图 5.3-3　TBM 隧道防排水检修井段横断面图

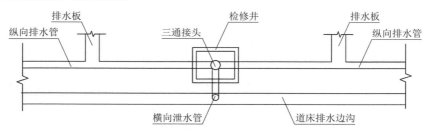

图 5.3-4　TBM 隧道防排水构造排水管路纵向布置示意图

第四节　盾构隧道洞门施工密封止水技术

一、技术背景

盾构隧道施工均从盾构始发开始，至盾构到达隧道贯通结束。为保证盾构施工安全，盾构机均在预留好接口的盾构井端头墙上完成始发、到达。根据盾构隧道洞门结构特点和盾构始发、到达工艺要求，盾构井端头墙接口环梁半径比盾构机盾壳大 30～50cm，为防止盾构始发、到达过程中接口环梁背后的泥沙和水（若未对地层降水）通过此空隙涌入工作井，造成地层沉降甚至坍塌，通常做法是在洞门环梁周边预埋钢板，并在钢板上设置由帘布橡胶板、扇形或折页压板组成临时密封止水装置，作为堵泥止水的主要措施，如图 5.4-1 所示。

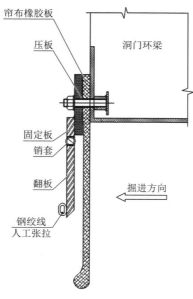

图 5.4-1　以帘布橡胶板为核心的堵泥止水方案

盾构始发过程中，如图 5.4-2 所示，作用在帘布橡胶板上的地层荷载与盾构掘进方向相反，使得该工况下堵泥止水的效果很好；但在盾构到达过程中，如图 5.4-3 所示，作用在帘布橡胶板上的地层荷载与盾构掘进方向相同，使得该工况下堵泥止水效果不好，尤其在地下水头高、砂性土地层中进行的盾构接收，即使设置多层帘布橡胶板，堵泥止水质量也难以得到保证，施工中存在很大的安全隐患。

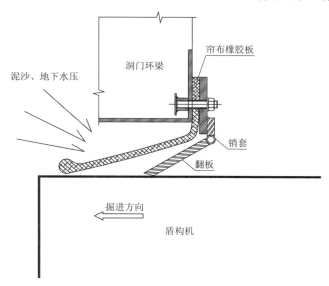

图 5.4-2　盾构始发工况洞门堵泥止水原理

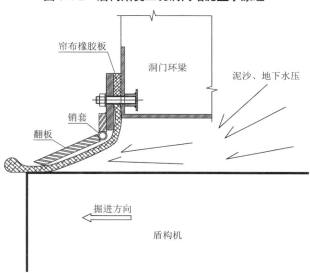

图 5.4-3　盾构到达工况洞门堵泥止水原理

二、技术介绍

如图 5.4-4 所示，盾构到达时，盾构机壳体首先接触洞门后密封，根据杠杆原理，此时壳体与地层水土压力共同推动翻板旋转，使洞门前密封与壳体接触，这时弹性密封垫与封闭挡板接触，形成了前后多重密封防线。该技术成功地将地层水土压力转化为有利于堵泥止水的密封压力。

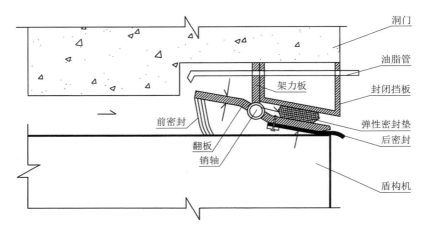

图 5.4-4　密封止水方案原理

在盾构到达时，盾构机刀盘到达翻板背土侧一端时，盾构机推进力及洞内水土压力将使翻板绕销形结构轴心旋转，进而使翻板与封闭挡板对弹性密封构件形成挤压，并且前密封构件与盾壳接触，通过油脂管注入油脂材料，可在洞门与盾壳间空隙形成良好和可靠的密封；同时，油脂管在盾构机出洞后可作为注浆孔，并对洞门与衬砌间空隙进行注浆封闭，而后拆除临时止水装置并进行洞门环梁施工。

三、技术特点

（1）本技术利用盾构到达接收过程中的盾构顶推荷载，将盾构顶推作用转换为堵泥止水的主要荷载。

（2）本装置解决了传统帘布橡胶板在盾构到达接收过程中堵泥止水的密封缺陷问题。

（3）本装置统筹洞门注浆管措施，真正实现了"一套装置、多道密封"的效果。

（4）本装置主要部件可模块化生产，便于现场安装。

四、技术要点

1. 尺寸与要求

本装置的各项尺寸参数根据盾构直径及洞门大小拟定。通常，帘布橡胶板在初始状态下进入盾构刀盘范围不少于 300mm，并需加防撕裂钢筋；翻板的各项尺寸需保证盾构刀盘顺利顶推翻转，并在盾构到达接收过程中与通环弹性密封条有效压紧；钢丝刷（或钢板刷）在出洞过程中需与盾壳形成有效接触。止水装置组装图如图 5.4-5 所示。

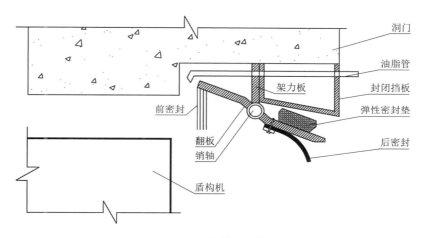

图 5.4-5　止水装置组装图

本技术前密封由钢丝刷与油脂组建而成，后密封为全环帘布橡胶，弹性密封垫作为前密封的有效补充。施工时利用翻板结构，借助盾构接收过程中盾构的顶推作用导致翻板转动，使前、后密封组件与盾壳形成完整密封圈，真正地起到了堵泥止水的目的。

2. 材质与制作

为便于现场焊接与安装，初次试验段主要采用 Q235B 钢材，辅材主要包括密封油脂、钢丝刷、三元乙丙密封条等。但根据具体工程情况，可以将该装置产业化，形成统一尺寸的装配式部件，各分块与现场预埋件进行螺栓连接后整体安装成型，并做到随安随拆、重复利用。

五、工程应用

本装置目前在四川大学华西校区停车场人民南路下穿通道工程中进行了试

应用，止水效果优良，下一阶段将推广到更多的工程中。本装置工程造价较水下接收、压力接收等盾构接收方式低很多，具有广阔的推广应用空间。实际应用的止水装置如图 5.4-6、图 5.4-7 所示。

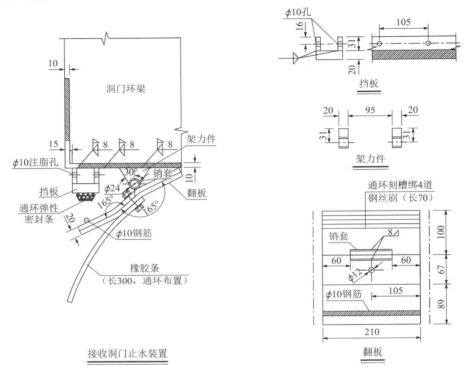

图 5.4-6　实际应用的止水装置详图（尺寸单位：mm）

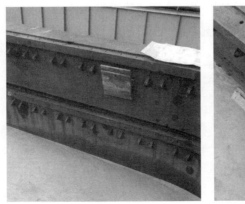

图 5.4-7　洞门止水装置（盾构到达）

第六章　衬砌环结构加固修复技术

第一节　钢板内衬加固衬砌环结构技术

一、技术背景

目前我国超过80%的城市轨道交通区间隧道工程采用盾构法或TBM法施工。由于复杂的城市周边环境、工程和水文地质条件，较大的外部荷载或荷载变化（如隧道上方加载、侧向卸载、频繁的地下水水位变化等）会较大幅度地改变隧道结构的受力状态，导致结构产生较大的附加内力与变形，甚至管片开裂、接缝防水失效等严重后果；同时管片破损后导致的隧道病害又会给隧道长期运营带来安全隐患。因此，对存在特殊外部荷载或位于特殊周边环境的盾构和TBM隧道衬砌环结构进行加固补强或病害部位修复补强，对提高盾构和TBM隧道结构的整体承载性能和长期耐久性，保障城市轨道交通的长期运营安全，意义重大。

机械法隧道衬砌环结构加固和修复补强手段主要有粘贴碳纤维布、芳纶布、丙纶布等方法。以上粘贴材料可实现对管片拱顶和拱底结构内侧受拉区域的加强与补强需求，但却较难实现对管片拱腰结构外侧受拉区域结构的加强与补强需求；同时由于物理特性等客观原因，以上粘贴材料不能实现对管片结构受压区的加强与补强。因此，在盾构和TBM隧道正式开通运营前，采用一定厚度的预制钢板衬砌环对特定外荷载和周边环境下的盾构和TBM隧道管片衬砌环进行预加固补强，可为盾构和TBM隧道结构加固补强、避免结构后期出现较大变形甚至破坏提供一种思路与参考。

二、技术介绍

本技术在盾构和TBM隧道管片衬砌环内粘贴一层钢板衬砌环（简称"钢内衬"），通过钢内衬与既有管片衬砌环形成叠合结构，达到加固既有隧道的目的。如图6.1-1、图6.1-2所示，通常整环钢内衬被分为均匀的等分块（实际分块大小根据隧道直径、安装条件等因素确定）。钢内衬与既有管片通过化学锚栓锚固，并用环氧树脂修复胶填充钢板与混凝土间隙，确保后期钢内衬与管片协同工作，不出现因黏结导致的滑移或分离，真正起到加固隧道结构的目的。

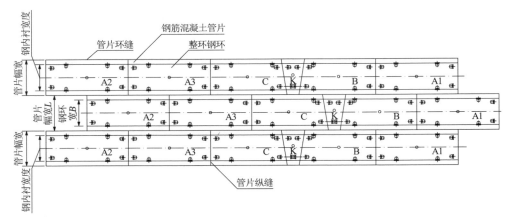

图 6.1-1 隧道钢内衬展开示意图

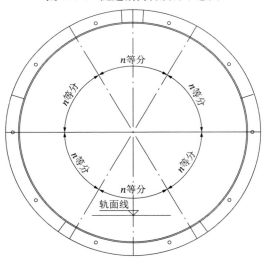

图 6.1-2 盾构隧道钢内衬横剖面布置示意图

三、技术特点

本节以内径 5.4m、外径 6.0m、环宽 1.5m 的管片衬砌环为例，对本技术进行介绍。

1. 钢内衬设计

（1）材料

综合管片衬砌环富裕空间、结构力学要求、实施难易与工程经济性，钢内衬优选 Q345 和 Q235 两种钢材牌号。

（2）厚度

综合考虑补强效果、隧道限界、加工与安装工艺，钢板厚度通常以20mm为宜。

（3）分块

分块原则主要考虑以下因素：

①考虑整体受力效果，环向分块数宜少，接缝宜避开管片纵缝，且与管片纵缝距离不小于15cm为宜。

②考虑安装方式与安装设备，单块不宜过大。

综合考虑分块原则，将钢内衬均分为6块，单块对应中心角60°。

（4）幅宽及分块（尺寸、规格、分块）

综合考虑衬砌环结构受力、钢筋笼布置特点和安装空间要求，将钢内衬幅宽取为1.1m，钢内衬环向中心线与衬砌环环向中心线重合。

单块钢内衬及锚栓布置如图6.1-3、图6.1-4所示。

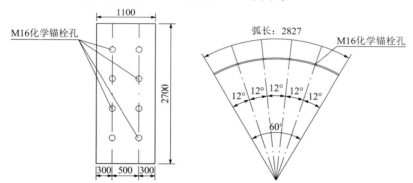

图6.1-3　单块钢内衬及锚栓平面图（尺寸单位：mm）　　图6.1-4　单块钢内衬及锚栓断面图（尺寸单位：mm）

2. 钢内衬与管片连接

钢内衬与管片通过M16不锈钢化学锚栓连接，单块钢板设置8根锚栓，锚栓应避开管片钢筋以及管片接缝位置，锚栓及锚固胶具体要求如下：

（1）锚栓具有良好的电气绝缘性能，其绝缘电阻值不低于100MΩ。

（2）锚栓有效锚固深度为125mm，基材最小厚度不小于锚栓1.5倍有效锚固深度，且不小于250mm。

（3）锚栓耐久性能及机械性能应符合《混凝土结构加固设计规范》（GB 50367—2013）和《混凝土结构后锚固技术规程》（JGJ 145—2013）对锚栓相关材料性能指标的要求。

（4）锚固胶材料宜采用改性环氧树脂类或改性乙烯基脂类材料，且不含对人体有害物质。

（5）在基材温度 20℃条件下，锚固胶应满足可调节时间不小于 30min、凝固时间不大于 12h 的要求。

（6）锚固胶应能适应潮湿以及水下环境条件，以匹配现场使用水钻钻孔。

3. 钢内衬块间连接

钢内衬块间采用坡口焊连接，焊缝等级二级，焊条采用 E55 系列焊条。

4. 钢内衬防腐

钢内衬外表面做除锈处理；内表面采用喷涂型聚脲弹性体（SPUA）涂层进行防腐蚀处理，涂层分两层进行喷涂，总厚度不小于 1.2mm。

四、技术要点

1. 制作与安装

（1）钢内衬工厂加工流程

①整平→放样→下料→修整→钻孔→弯曲→内表面除锈→外表面涂聚脲弹性体涂层。钢内衬工厂加工如图 6.1-5 所示。

图 6.1-5　钢内衬工厂加工

②钢内衬块下料，每环五块按照标准尺寸加工，为便于灵活应对现场安装，第六块长度加长 150mm。

③钻钢板锚栓孔，孔径为 18mm。

④采用卷板机卷制弧形钢板。

（2）钢内衬现场安装流程

①隧道洞内搭设脚手架。

②使用打磨机对管片表面进行处理，对螺栓手孔和管片纵缝用抗裂砂浆封堵。

③结合管片配筋图，配合钢筋探测仪探测钢筋位置，用样板划出锚栓孔位置

和钢板内衬对接缝位置线，锚栓孔避开管片钢筋。

④使用汽车起重机、手动液压托盘搬运车将钢环内衬和设备运至施工现场。

⑤安装钢内衬，在钢内衬表面用千斤顶确保钢板内衬贴紧管片。

⑥采用钻孔机具施钻锚栓孔（将同时施工的锚栓孔均分为两期，二期锚栓孔兼作注浆孔和排气孔）、植入一期化学螺栓，待化学锚固剂固化后拧紧螺母。

⑦钢内衬块与块间接缝采用坡口焊焊接；钢内衬前后两侧与管片接缝处采用环氧胶泥封堵，通过二期锚栓孔压注环氧树脂。

⑧安装二期化学螺栓及二期螺母。

⑨对焊缝处及施工过程中破损的聚脲弹性体涂层进行复喷修补。

钢内衬现场施工如图 6.1-6 所示。

图 6.1-6　钢内衬现场施工

2. 施工要点

（1）锚栓施工前需对锚孔清孔，若未及时安装锚栓，应暂时封闭其孔口。

（2）环氧树脂填充之前需要对管片螺栓孔进行封堵。

（3）化学锚栓安装时，表面温度和孔内表层含水率应符合锚固胶使用要求；若锚孔内含水率（干燥程度）不满足锚固胶使用要求，应对锚孔进行干燥处理。

（4）锚栓安装完成后，需对化学锚栓进行现场非破损随机抽样检验，检验合格后方可进行下道工序施工。

（5）钢内衬焊接成环后，穿插进行环氧树脂的填充压注工作。环氧树脂粘贴剂性能指标需达到《工程结构加固材料安全性鉴定技术规范》（GB 50728—2011）的要求。环氧树脂注浆凝固后无收缩、对管片与钢板间缝隙达到良好的填充，无空鼓的要求，钢内衬拱顶区域需预留注浆孔。

（6）施工前应结合隧道功能要求，预留附属设施安装螺栓孔或安装空间。

（7）城市轨道交通隧道可在城市轨道对应范围设置一定量的抗剪铆钉，以提高轨道与钢内环连接性能。

五、工程应用

某地铁区间盾构隧道下穿既有市政桥梁，市政桥梁距离邻近车站（地下二层站）端头仅 40m，盾构隧道左、右线正穿该桥梁，盾构掘进方向与桥梁长边方向平行，如图 6.1-7、图 6.1-8 所示。该桥梁长 50.4m，宽 40m，为三等跨简支桥梁，基础为条石扩大基础，出于经济性考虑，地铁区间盾构隧道与既有桥梁基础的净距只有 0.5～1.5m。如图 6.1-9 所示，详勘地质钻孔揭示，该桥条石扩大基础下方存在砂层透镜体，同时该桥梁最初修建于 20 世纪 60 年代，后于 20 世纪 90 年代进行过一次改建，改建将桥下部基础经过维修加固处理。

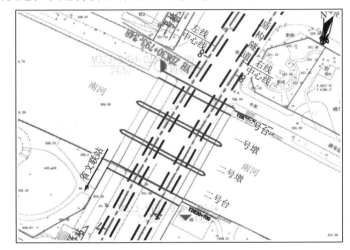

图 6.1-7　盾构隧道与市政桥梁平面关系图

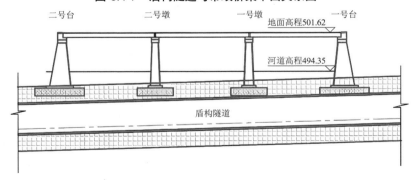

图 6.1-8　盾构隧道与市政桥梁剖面关系图（高程单位：m）

考虑到桥梁基础经过加固维修、基础下存在砂层透镜体、桥梁基础与盾构隧道的最小净距不足 1.0m 等问题，为保证地铁运营期内隧道与桥梁结构的相互作用不影响到两建（构）筑物的结构安全，经综合研判，对与桥梁基础平面相交范围内的区间盾构隧道增设钢环内衬。

图 6.1-9　详勘钻孔取芯

本盾构隧道加固中的钢板内衬设计、加工和现场安装与本节技术特点和技术要点一致。本盾构隧道于 2014 年贯通，钢内衬于 2014 年底施作，地铁线路于 2016 年开通运营。截至目前，该隧道加固完成已近 10 年，桥梁及对应位置盾构隧道结构安全可控，隧道内部无渗漏等影响正常使用的病害情况，运营情况良好。

第二节　管片孔洞修复技术

一、技术背景

目前我国一、二线城市在地下空间修建了相当规模的运营城市轨道交通盾构或 TBM 隧道。虽然各城市已根据自身特点制定并颁布了轨道交通设施安全保护规定，但由于种种原因，多个城市已发生了因土建工程地质勘察、地层降水、桩基钻孔等作业导致运营城市轨道交通盾构隧道破坏、甚至直接打穿隧道管片（简称击穿）的工程事故，这些事故直接影响城市轨道交通运营安全，有些事故甚至直接导致城市轨道交通运营线路停运。

如何在保证城市轨道交通线路不停运或停运后尽快恢复运营的前提下，用较短时间对被局部破坏甚至被击穿的盾构或 TBM 隧道管片进行临时和永久修复，使其再次达到百年使用和耐久性标准，具有重要的工程和社会意义。

二、技术介绍

如图 6.2-1 所示，盾构或 TBM 隧道管片在被击穿位置，首先通过注浆堵水和钢板临时封孔恢复运营；再在管片被破坏或击穿位置采用逆作法施作人工竖井，直至管片破坏或击穿位置，对破坏或击穿孔洞进行清孔、洗孔，修复管片断裂钢筋、浇筑混凝土。最后通过施作混凝土加强层，进行防水处理，使管片在永久工作状态下,达到不低于原管片结构强度、耐久性和防水能力的目的。

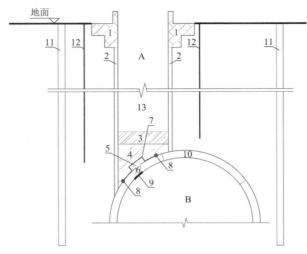

图 6.2-1　管片修复关键技术示意图

1-锁口圈梁；2-临时竖井护壁；3-回填黏土；4-C20 素混凝土；5-钢筋混凝土加强层；6-击穿孔洞；7-防水层；8-密封胶；9-临时封堵钢板；10-管片；11-降水井；12-地面注浆管；13-普通回填土

三、技术特点

（1）管片修复技术通过"水泥-水玻璃"双液浆注浆加固管片周边地层，临时钢板封堵被破坏或击穿管片内侧，达到快速堵漏、止水的目的，尽快恢复城市轨道交通运营，减小交通停运造成的不良社会影响。

（2）永久封堵孔洞通过"T"形钢筋混凝土加强层和 C20 回填混凝土，既确保了后期封堵孔洞结构受力的可靠性，又加长了渗水路径，减小了渗漏水风险。

（3）通过新施作防水层、回填隔水黏土和素混凝土，进一步确保了修复部位管片的防水效果。

四、技术要点

1. 临时封堵

（1）从隧道内侧管片被击穿孔洞位置向地层注入"水泥-水玻璃"双液浆进行地层临时止水，若地下水水量较大，可采用棉絮等物品进行临时堵水。

（2）在被破坏或击穿处管片出水量基本控制住后，通过后置锚栓、采用预制钢板对管片破坏或击穿处孔洞进行临时封堵，恢复行车。

（3）采用水泥浆从地面对管片周围地层进行注浆，一方面起到阻隔周边地下水补给作用；另一方面加固地层，为后续竖井开挖提供安全保证。

2. 地层降水与竖井开挖

（1）具备降水条件时，可利用降水井进行地层降水；不具备降水条件时，可采用帷幕注浆等措施对地下水进行处理。

（2）从管片被破坏或击穿位置地面开始，采用逆作法施作竖井，直至管片破坏或击穿部位。接近管片段竖井，宜采用人工开挖。

3. 孔洞处理

通过竖井对破坏或击穿孔洞进行清孔、洗孔，新旧混凝土结界面用钢丝刷刷毛、风干处理，保证表面干燥，新旧混凝土界面涂刷界面剂（可采用环氧涂料）。对原管片断裂钢筋进行重新连接，绑扎加强层钢筋。最后采用细石环氧混凝土浇筑加强层和击穿孔洞。图 6.2-2 为管片孔洞钢筋修复处理示意图。

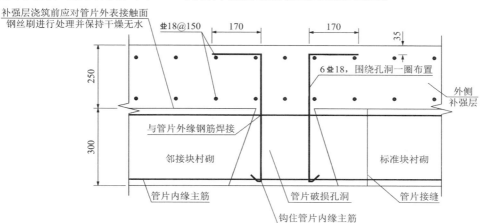

图 6.2-2　管片孔洞钢筋修复处理示意图（尺寸单位：mm）

4. 防水层

对修复孔洞的混凝土加强层外表面进行风干作业，外表面涂刷防水涂料，并采用密封胶收口。竖井先回填不小于 500mm 厚 C20 素混凝土，再采用隔水黏土和普通土回填竖井。

五、工程应用

1. 工程简介

由于某外部施工单位违规施工降水井，导致某城市轨道交通地铁线路某处盾构隧道管片被击穿损坏。如图 6.2-3 和图 6.2-4 所示，经现场观察目测，受损管片为左转环邻接块（L1Z）10 点钟方向位置。

图 6.2-3　管片被击穿受损

图 6.2-4　管片受损位置（图中虚线框处）

注：L1Z 为管片编号，FZ 和 B1Z 为环内接触管片编号。

受损管片位于距离临近车站小里程约 92m 处，该段位于半径 380m 的平面曲线上，隧道拱顶埋深约 11.2m，隧道主要位于〈5-2〉强风化泥岩地层，上部主要为杂填土、中密和密实卵石土地层。盾构管片为幅宽 1.2m，外径 6.0m、内径 5.4m，厚度 0.3m 的钢筋混凝土管片，混凝土强度 C50，抗渗等级 P12。每环衬砌环由 1 块封顶块＋2 块邻接块＋3 块标准块组成。管片环、纵向螺栓均采用 M24 弯螺栓连接，机械性能等级为 5.6 级，螺母等级为 6 级。

为使得修复后的管片结构满足受力要求，满足防水要求，满足设计使用年限的耐久性要求，采用"隧道内安装临时封堵钢板＋隧道外从地面挖竖井至管片外表面修补"内外部结合的方案对管片进行修补。

2. 工程方案

第 1 步：在管片被击穿孔洞位置向地层注入"水泥-水玻璃"双液浆，出浆口压力为 0.2MPa 左右，直至水量明显减小。

第 2 步：反复、多次向地层注入水泥单液浆，出浆口压力 0.3MPa 左右。

第 3 步：采用预制钢板、通过后置锚栓对管片破损处进行临时封堵,恢复行车。

第 4 步：受损隧道两侧施作降水井，将水位降至隧道受损部位以下。

第 5 步：采用水泥浆对管片破损周围地层以及降水井周围地层进行地面注浆。

第 6 步：从管片破损处地面施工内径 2.0m、钢筋混凝土护壁 0.15m 的人工挖孔竖井，直至管片外轮廓面。

第 7 步：检查管片破损处，对管片破损孔清理、清洗后，进行风干处理（推荐用不小于 800W 电吹风吹 2h 热风），保证孔洞干燥。

第 8 步：新旧混凝土界面涂刷水泥基渗透结晶防水涂料和界面黏结剂。

第 9 步：绑扎外层 300mm 厚加强层钢筋，用添加弱膨胀剂的环氧砂浆对孔洞进行封堵填充，并一体浇筑加强层。

第 10 步：涂刷多道防水涂料，采用密封胶收口，C20 素混凝土回填。

第 11 步：回填一层黏土隔水层后，人工挖孔竖井逐层回填。

管片被击穿位置及竖井设置示意图如图 6.2-5 所示，管片被击穿位置修复示意图如图 6.2-6 所示。

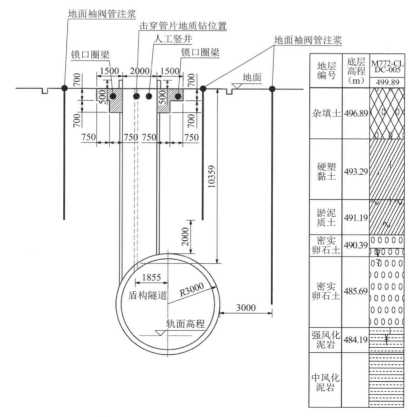

图 6.2-5　管片被击穿位置及竖井设置示意图（尺寸单位：mm）

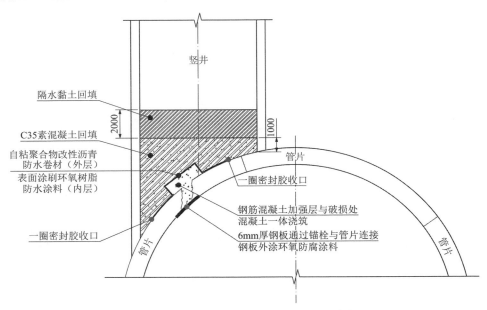

图 6.2-6　管片被击穿位置修复示意图（尺寸单位：mm）

3. 效果检查

该盾构隧道管片于 2021 年 6 月受损，经过近 3 个月的应急、探伤、研讨论证、设计和实施，于 2021 年 9 月完成了管片内外部修补，后经过数月观测，修复后的管片未出现新增裂缝、渗漏水等现象，管片修复至今隧道运营状态良好。

第七章　施工安全保障技术

第一节　预留暗挖法隧道通道技术[1]

一、技术背景

城市轨道交通工程的建设将占用一定的城市地下空间，由于城市轨道交通工程的特殊性和重要性，为了给后期规划线路预留施作条件，同时也为了将城市轨道交通工程施工及运营过程中对周边既有建（构）筑物的影响减小到规范、规程允许的范围内，许多城市制定了专门的城市轨道交通工程保护法律、法规，要求新建地下工程在空间上应与规划后建的城市轨道交通工程保持一定的距离。

目前，国内城市轨道交通暗挖法隧道周边新建地下工程一般采用明挖法施工，根据城市轨道交通暗挖法隧道结构受力特征和各城市法律、法规要求，通常新建地下工程结构外边线与规划后建的城市轨道交通暗挖法隧道的平面净距不得小于 D（D 为隧道开挖直径，城市轨道交通单洞单线区间隧道 D 为 6.0~8.5m，单洞双线区间隧道 D 为 10.0~12.0m）。

以上要求对新建地下工程的可开发性、开发品质及开发经济性等都将产生较大影响，若能在新建地下工程时同步修建后期规划城市轨道交通暗挖法隧道的预留通道，不但能最大限度地提高规划城市轨道交通工程周围地下空间的可开发性、开发品质和开发经济性，还能最大限度地减小城市轨道交通施工及运营过程中对已建地下工程的影响。

二、技术介绍

如图 7.1-1 所示，根据规划城市轨道交通暗挖法隧道后期施工条件和运营影响情况，新建地下工程在施工时，同时施工一门形框架结构，该门形框架内空间即为规划后建城市轨道交通暗挖法隧道的施工通道和结构空间，并且该门形框架结构也将作为后期城市轨道交通暗挖法隧道施工和运营过程中对先建地下工程的保护结构。

---

[1] 本章暗挖法隧道指采用盾构法、TBM 法、浅埋暗挖法、顶管法等施工方法修建的隧道。

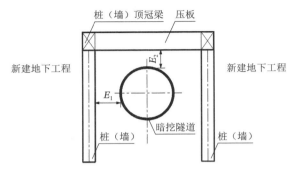

图 7.1-1　预留暗挖法隧道通道技术图

三、技术特点

（1）城市轨道交通预留暗挖法隧道通道为沿规划后建隧道轴线布置、横断面为门形框架结构的独立地下构筑物。该结构可将后建暗挖法隧道施工时对周边环境的影响尽量控制在结构内，也可将后建暗挖法隧道运营时对周围环境的影响减到最小。

（2）预留暗挖法隧道通道门形框架结构由两侧的桩（墙）、桩（墙）顶冠梁和压板三部分组成。

（3）预留暗挖法隧道通道门形框架结构主要位于新建地下工程下方；特殊情况可位于新建地下结构侧面，此时门形框架结构可简化为由单侧桩（墙）和桩（墙）顶冠梁两部分组成的隔断墙结构。

四、技术要点

1. 结构设置

如图 7.1-2 所示，平面上，门形框架结构在隧道轴线上超出新建地下工程结构边线的范围通常不小于 D；如图 7.1-1 所示，剖面上，门形框架结构通常位于新建地下工程下方，特殊情况也可位于新建地下结构侧面（此时门形框架结构简化为隔断墙结构）；门形框架结构两侧（或单侧隔断墙结构）竖向支撑构件根据地层力学参数通常采用钢筋混凝土桩或地下连续墙结构，也可选用钢管桩、钢板桩等其他结构；顶部压板通常采用钢筋混凝土板结构，也可选用钢板、铸铁等具有足够刚度、强度的其他结构；两侧竖向支撑构件与顶部压板通过设置在竖向支撑构件顶部的纵向冠梁刚接为整体。

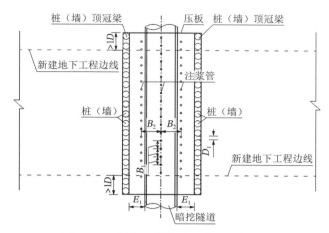

图 7.1-2　预留暗挖隧道通道平面布置图

如图 7.1-1 和图 7.1-2 所示，门形框架结构两侧桩（或墙）与规划后建暗挖法隧道的最小水平净距 E_1 通常不小于 1.0m，通常桩（或墙）底应位于规划暗挖法隧道结构底下方，若为钢筋混凝土间隔桩，根据实际情况，桩径可取 0.8～1.5m，桩间净距 D_1 不大于 1 倍桩径；若为钢筋混凝土连续墙，墙厚可取 0.8～1.0m。顶部压板与后建暗挖隧道的最小竖向净距 E_2 通常取 0.5～1.0m，原则上不承受上部新建地下工程的结构荷载。

2. 基坑支护与开挖

如图 7.1-3 所示，根据新建地下工程与预留暗挖法隧道通道空间关系、工程周边环境和工程水文地质条件，新建地下工程基坑 K 可以采用放坡、放坡＋土钉、排桩＋内支撑、地下连续墙＋内支撑或其他能保证基坑施工安全的支护结构和与支护结构相适应的开挖方法。通常预留暗挖法隧道通道与新建地下工程基坑同步施作。

3. 地层预加固

如图 7.1-4 所示，为保证规划后建暗挖隧道（M 区域结构）的顺利实施和运营安全，在施工门形框架结构时，有必要对框架压板和隧道顶间地层 N 区域进行预加固。根据具体工程和水文地质条件，预加固可选用预压夯实、注浆、搅拌桩、旋喷桩或混凝土换填等工程措施。图 7.1-2 和图 7.1-4 给出了一种注浆加固地层的注浆管布置示意图，通常注浆管呈梅花形布置，沿隧道轴线方向间距 B_1 为 1.0～3.0m，沿隧道横向间距 B_2 为 0.5～2.0m，注浆管底部与保护板底面距离 B_3 为

0.1～0.4m，注浆管顶部与保护板顶面距离B_4为0.1～0.2m。

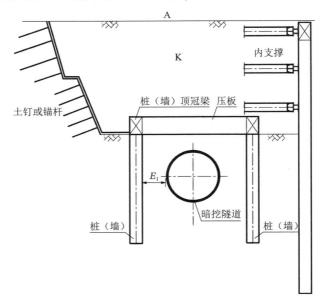

图 7.1-3　预留暗挖法隧道通道与新建地下工程基坑关系剖面图

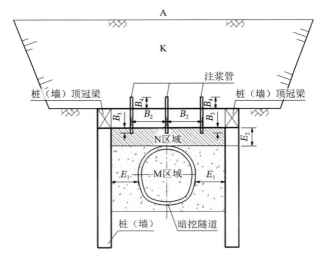

图 7.1-4　预留暗挖法隧道通道工程措施示意图

五、工程应用

1. 工程简介

某商业地块项目位于城市主干道北侧，地块上方为30层的商业综合体，为满足商业综合体地下车位数量要求，该商业综合体计划修建4层地下室。根据地基承载力和结构变形要求，综合考虑经济技术性，商业综合体采用厚度3m的筏板基础。

如图7.1-5所示，根据建设顺序，商业综合体开发完成后，规划地铁左线区间隧道将下穿该商业地块，该段区间隧道采用盾构法施工，隧道埋深约17.5m；规划地铁右线区间隧道将从南侧侧穿该商业地块，该段区间隧道采用矿山法施工，隧道埋深约21.6m。若严格执行规划地铁周边一定范围内不得新修地下建（构）筑物这一要求，将从根本上影响地块的开发方案与开发价值。

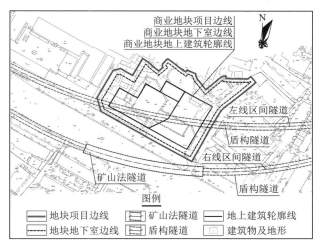

图7.1-5 商业地块与规划地铁区间平面关系图

2. 工程方案

为保证地块上部商业综合体按预期方案进行开发，同时最大限度使用地下空间，如图7.1-6所示，将地铁下穿商业综合体平面区域的4层地下室调整为3层，在地下室底板下设置预留暗挖法隧道通道门形框架结构。一方面，该门形框架内空间作为地铁左线区间盾构隧道的施工和结构空间；另一方面，该门形框架结构既是将上部商业综合体荷载传递给地层的承载结构，也是规划地铁左线区间隧道施工过程中控制地层位移、减小商业综合体地下室变形的结构保护措施。

门形框架结构有如下特点：

（1）门形框架结构的竖向支撑包括A、B两种桩，A型桩为直径2.6m、间距6.0m、长22.0m的承载桩（满足承载力要求），能够将上部商业综合体的所有荷载传递给地层；B型桩为直径1.0m、间距1.6m、桩底与盾构隧道底部平齐的隔离桩；A、B 型桩与规划后建地铁左线区间盾构隧道的净距为 1.2m。

（2）门形框架结构的压板结合商业综合体 3.0m 筏板基础设置，筏板的荷载传递给门形框架梁的竖向支撑桩或支撑桩外侧的地下室筏板基础。

为了将地铁左线区间盾构隧道施工过程中对地层的扰动和影响减到最小，如图 7.1-6 所示，在门形框架结构施工后，通过门形框架压板中的预埋注浆管对隧道拱肩至压板间区域地层 P 和隧道拱腰至拱肩区域地层 Q 进行注浆预加固，加固后，P 区域地层的无侧限抗压强度不小于 2MPa，Q 区域地层的无侧限抗压强度不小于 1MPa。

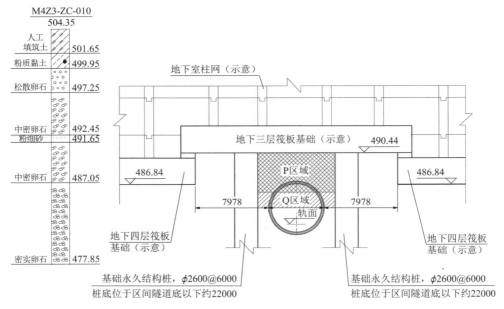

图 7.1-6 商业地块与地铁区间隧道 A-A 剖面及地层预加固区域示意图
（尺寸单位：mm，高程单位：m）

为了将规划地铁右线区间矿山法隧道施工过程中对商业综合体地下室的影响减到最小，如图 7.1-7 所示，将商业综合体围护桩加深至矿山法隧道底高程，并将桩顶用冠梁连成整体，以此形成隔离桩墙体系。

3. 效果检查

商业综合体项目于 2013 年竣工并投入商业运营，地铁区间隧道工程于 2015 年底施作完成，地铁线路于 2016 年元旦开通运营。截至目前，商业综合体项目和地铁线路已共同运营了 8 年，运营情况良好。

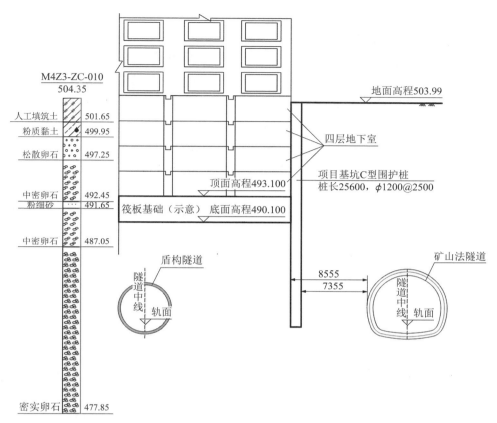

图 7.1-7　商业地块与规划地铁区间隧道 B-B 剖面图（尺寸单位：mm，高程单位：m）

4. 应用总结

预留暗挖法隧道通道技术可在保证城市轨道交通规划后建暗挖法隧道施工空间和运营安全的前提下，最大限度地提高城市轨道交通周边地下空间的可开发性、开发品质和开发经济性，甚至在某种条件下会成为城市轨道交通周边地下空间开发的必选方案，具有很高的社会、经济效益。

第二节　既有暗挖法隧道保护结构技术

一、技术背景

经过近年持续、高强度的建设，国内许多大中城市的轨道交通线网已初具规模，占据了一定的城市地下公共空间。由于城市轨道交通工程的特殊性和重要性，为保证既有城市轨道交通工程的结构安全，开通城市轨道交通的各城市均制定了专门的保护法律、法规，要求在非特殊情况下，后建地下工程在平面上需与既有城市轨道交通工程保持一定的距离（俗称安全保护距离）。由于地下空间资源的局限性和稀缺性，城市轨道交通工程安全保护距离的值越来越小，同时在既有城市轨道交通工程上方再修建地下工程的情况也时常发生。

根据国内城市轨道交通工程的特点和再建地下工程的实际情况，目前在既有城市轨道交通工程上方再修建的地下工程大多采用明挖法施工，明挖法基坑开挖过程中的"地层卸载效应"将不可避免地导致基坑下方地层"卸载回弹"，同时由于隧道与地层刚度悬殊较大，因此在明挖法基坑开挖过程中将导致基坑下方城市轨道交通结构跟随地层一起"卸载回弹"，为保证开通运营后的城市轨道交通暗挖法隧道的运营安全，通常要求后建明挖法结构基坑底距既有城市轨道交通暗挖法隧道结构顶的结构安全距离需达到 7.0～7.5m 与 $0.5H$（H 为隧道上方覆土厚度）中的较大值。

根据后建明挖法结构基坑底距既有城市轨道交通暗挖区间隧道结构顶的距离要求和城市轨道交通暗挖法区间隧道上方覆土厚度的实际情况，能完全达到以上要求的后建明挖法结构较少，即使方案成立，大部分后建明挖法结构也只能设计为地下一层结构，这对地下空间资源的可开发性、开发经济性以及可持续性等均会产生较大影响。若能将后建明挖法结构基坑底距既有城市轨道交通暗挖法隧道结构顶的结构安全距离减小到 3.0～3.5m，将极大地促进地下空间资源的开发和利用。

二、技术介绍

根据城市轨道交通线路运营情况和其上方后建明挖法结构的特点、结构间净距等实际情况，如图 7.2-1 所示，在后建明挖法结构基坑开挖前，分别在既有城市轨道交通工程暗挖法隧道两侧一定安全距离处设置抗拔桩（或墙）；在抗拔桩（或墙）冠梁外侧设置管棚导向墙，通过管棚导向墙施作既有暗挖法隧道压顶管棚，并在压顶管棚内灌注细石混凝土；将压顶管棚与抗拔桩（或墙）连接成整体，形成既有暗挖法隧道保护结构。

该保护结构既能在既有暗挖法隧道上方进行明挖法结构基坑开挖和主体结构施工时，保证既有暗挖法隧道的结构和运营安全；还能在明挖法结构竣工后，保证既有暗挖法隧道和后建明挖法结构的正常运营。

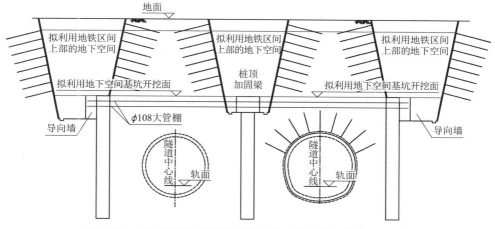

图 7.2-1 既有暗挖法隧道保护结构技术图（尺寸单位：mm）

三、技术特点

（1）后建明挖法结构根据与既有暗挖法隧道空间关系进行保护结构设计，通常保护结构位于后建明挖法结构下方、既有暗挖法隧道上方，跨既有暗挖法隧道布置，为单跨或多跨地下结构。

（2）保护结构由抗拔桩（或墙）、管棚导向墙、加固梁和充填细石混凝土的钢管管棚四部分组成，抗拔桩和钢管管棚通过加固梁连接形成刚性节点。

（3）细石混凝土可增大管棚刚度，充填过程中从管棚溢出的水泥浆还可加固周围地层。充填细石混凝土的钢管管棚可用型钢或预制钢筋混凝土梁替代。

（4）特殊情况下，保护结构可作为后建明挖法结构的一部分。

（5）通过抗拔桩（或墙）与地层间的摩擦力和保护结构自身刚度，该保护结构既能有效抑制由于后建明挖法结构基坑开挖过程中基坑下方地层的"卸载回弹"，将后建明挖法结构实施过程中对既有暗挖法隧道正上方及侧向地层的影响控制在现行规范、规程要求范围内；还能将后建明挖法结构主体施工与基坑回填过程中对既有暗挖法隧道的"附加荷载"影响减到最小，确保既有暗挖法隧道的结构安全。

四、技术要点

1.结构设置

如图 7.2-2 所示，既有暗挖法隧道保护结构位于后建明挖法结构下方、既有暗挖法隧道上方，沿既有暗挖法隧道轴线布置，横断面跨度和跨数根据隧道间距、后建明挖法结构范围综合确定，通常保护结构为单跨或多跨"抗拔桩＋管棚"框架形式的地下构筑物。

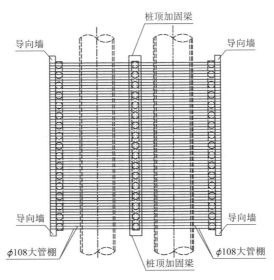

图 7.2-2 既有暗挖法隧道保护结构平面布置图（尺寸单位：mm）

如图 7.2-3 所示，抗拔桩通常为桩径 0.8~1.5m 的钢筋混凝土桩，混凝土强度等级为 C20~C35，抗拔桩桩底与隧道底面的竖向距离不小于 1m，与隧道的横向距离不小于 2m，根据现场实际情况，抗拔桩也可采用厚度 0.8~1.2m 的抗拔墙等结构。

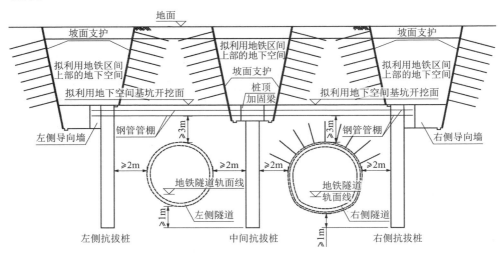

图 7.2-3 既有暗挖法隧道保护结构横断面布置示意图

施作管棚的工作坑和桩顶加固梁工作坑为临时结构，为控制工作坑施工引起的地层扰动，工作坑围护结构通常采用地下连续墙、排桩或土钉墙等结构形式，管棚工作坑内空尺寸应能满足导向墙和钢管管棚施作空间要求，桩顶加固梁工作坑内空尺寸应能满足桩顶加固梁施作空间要求，通常，管棚工作坑在平面上的内空尺寸为宽度 5～8m，长度在需保护的暗挖区间轮廓线基础上外扩 4～6m；桩顶加固梁工作坑在平面上的内空尺寸为宽度 3～5m，长度为在需保护的暗挖区间轮廓线基础上外扩 4～6m。

管棚导向墙通常为高 1.5～2.0m、厚 0.8～1.2m、与管棚工作坑齐长的矩形混凝土结构，并在需打设钢管管棚的位置预埋管棚导向管。

管棚通常为外径 108～159mm、壁厚 8～12mm 的钢管，钢管管棚与既有暗挖法隧道的最小距离为 3.0m，层数 1～3 层，层距 0.4～0.6m，层内间距 0.3～0.8m。如图 7.2-4 所示，钢管管棚施工前，需在管身加工直径 8～12mm、间距 300～500mm、梅花形布置的泄气孔，泄气孔兼作地层注浆孔。

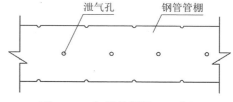

图 7.2-4　钢管管棚展开示意图

通过管棚导向管施作的钢管管棚在桩顶加固梁工作坑中应满足相应的误差要求，通常钢管管棚的空间误差应不大于 30cm，桩顶加固梁为高 0.8～1.8m、宽 1.2～2.5m、与导向墙齐长的矩形混凝土结构。注入管棚中的细石混凝土强度等级为 C20～C35，注入压力为 0.3～0.4MPa。

2. 施工工序

（1）施作位于隧道外侧及隧道间的抗拔桩（或墙）。

（2）开挖并支护管棚工作坑、桩顶加固梁工作坑。

（3）在管棚工作坑中按要求施作预埋管棚导向管的导向墙。

（4）在管棚工作坑中通过导向管打设钢管管棚。

（5）向管棚中注入细石混凝土。

（6）在桩顶加固梁工作坑中固定钢管管棚尾端并施作桩顶加固梁。

（7）后建明挖法结构基坑开挖、主体施作、基坑回填。

五、工程应用

1. 工程简介

某地铁车站及车站东侧盾构法区间隧道位于城市主干道下方，隧道施工后，相关部门提出：地铁开通运营后，后期需对地铁盾构隧道两侧地下空间进行一体化开发，为提升开发价值，需在地铁盾构隧道上方修建一地下空间连接通道，将两侧地下空间连接起来。综合已建地铁盾构隧道埋深、两侧地块规划要求、连接通道施工对已建隧道的影响等因素，后期地下空间连接通道的最终方案为：通道下穿 34m 的城市主干道，与已建地铁盾构隧道接近正交，基坑底部与下方已建地铁盾构隧道顶部的净距约 3.5m，如图 7.2-5 和图 7.2-6 所示。同时为避免后期修建地下空间连接通道时对已建地铁盾构隧道的运营安全影响，需在地铁开通运营前修建暗挖法隧道保护结构。

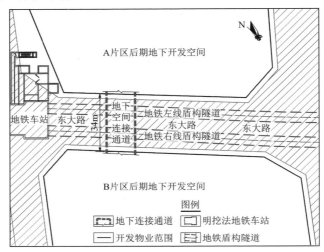

图 7.2-5　地下空间连接通道与既有地铁盾构隧道平面关系示意图

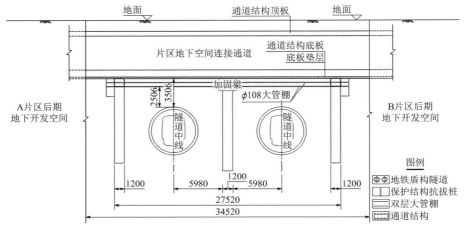

图 7.2-6　地下空间连接通道与既有地铁盾构隧道剖面关系示意图（尺寸单位：mm）

2. 工程方案

如图 7.2-7 所示，既有盾构隧道保护结构在地铁隧道施工后、地铁工程开通运营前施作，具体实施工序及方案如下。

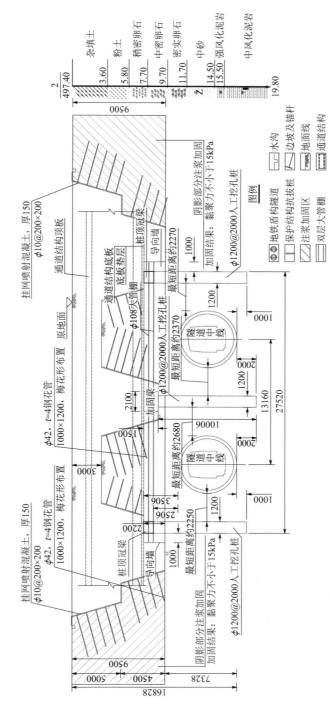

图 7.2-7 既有地铁盾构隧道保护结构横断面设计图（尺寸单位：mm，高程单位：m）

（1）施作抗拔桩。两侧抗拔桩与既有盾构隧道的净距为 2.25m，既有盾构隧道间抗拔桩位于两既有盾构隧道中线附近；抗拔桩桩径 1.2m、桩间距 2.0m，外侧抗拔桩深度为隧底以下 1m，中间抗拔桩为隧底以下 2m。

（2）施作大管棚工作坑及导向墙。保护结构大管棚工作坑采用土钉墙支护方案，土钉为直径 42mm、厚 4mm 的钢花管，按照 1.0m×1.2m 梅花形布置；面层为厚 150mm 的网喷混凝土，钢筋网直径 10mm、网格间距 200mm×200mm。管棚导向墙为尺寸 1.0m×1.2m×2.5m、强度等级 C35 的现浇钢筋混凝土，导向墙中预埋直径 122mm 的管棚施工导向管。

（3）施作大管棚并注入细石混凝土。从导向墙施作直径 108mm、厚 10mm，预设泄气孔的双层大管棚，通过外侧抗拔桩顶冠梁、中间抗拔桩加固梁将双层大管棚与先期施作的抗拔桩连接成整体，形成既有地铁盾构隧道保护结构体系；向大管棚中注入商品细石混凝土，注入压力 0.3MPa。

（4）为保证大管棚工作坑施作过程中的基坑稳定，在工作坑施工前，对基坑坡面一定距离范围的地层进行地表注浆预加固，确保加固后地层黏聚力不小于 15kPa。

3. 效果检查

该既有地铁盾构隧道保护结构于 2012 年 7 月施作完成，同年 9 月地铁开通运营，地下空间连接通道与两侧地下空间开发项目于 2015 年完成并投入商业运营，该地下空间连接通道直接提升了两侧地块的开发价值。截至目前，地下空间连接通道与地铁已共同运营了 9 年，运营情况良好。

4. 应用总结

既有暗挖法隧道保护结构技术能够将由于既有暗挖法隧道上方明挖法结构基坑开挖过程中引起的基坑下方地层"卸载回弹"值减少 60%～80%，能够在保证既有暗挖法隧道运营安全前提下，将后建明挖法结构基坑底距已建暗挖法隧道结构顶的最小距离减小到 3.0～3.5m，增大地下空间资源的开发意义和开发价值。

第三节　盾构井端头地层加固技术

一、技术背景

由于特殊的城市环境、隧道平纵断面条件和工程经济性要求等主要控制因素，大部分城市隧道的覆土厚度均较小，较小的覆土厚度将直接导致大部分隧道洞门段位于强度较低、含水率及渗透系数较高的松散或软弱地层中。

盾构始发和接收是盾构隧道施工过程中的关键环节，为保证施工安全，在盾构始发、接收前需对隧道洞门段一定范围内的松散、软弱地层进行预加固，业内称为盾构端头井地层加固。目前国内盾构端头井地层加固的通常做法为：在盾构始发、接收前，采用注浆、搅拌、高压旋喷等地层处理措施，对洞门段隧道结构及其周边一定空间范围的地层土体进行预加固处理，预加固地层范围通常为隧道横断面内结构轮廓外水平和竖向 $0.5D$、隧道轴线方向"盾构主机长度+（1~3）m"的范围；盾构始发、接收时，视地层预加固效果再辅以地层降水等工程辅助措施。对于软土、极软土和泥炭土等特殊地层，为保证预加固效果和工程经济性，盾构端头井地层预加固还会在通常做法的基础上，增加素桩（或地下连续墙）将需要预加固的地层提前围闭后，再进行注浆、搅拌或高压旋喷等地层预加固措施。若采用以上地层预加固处理后仍不能确保盾构始发、接收施工安全时，可进一步考虑采用冷冻法、无收缩双液注浆（WSS 注浆）等特殊地层预加固方法。

由于特殊的颗粒组成和结构特征，砂卵石地层在未受到扰动前具有一定的自稳性，但在受到扰动后，会在地层临空面发生较大范围的坍塌，控制不好时将出现工程安全事故、甚至危及周边环境安全。搅拌、旋喷等地层处理措施在改善地层均一性、强度和渗透系数方面效果不太理想，冷冻法、WSS 注浆等地层预加固措施费用较高，若能针对砂卵石地层特性，根据盾构始发、接收工法特点，制定特殊的砂卵石地层盾构始发、接收端头井地层加固措施，在保证盾构始发、接收施工安全的前提下，可以控制工程费用，具有很好的工程、经济意义。若能将此盾构井端头地层加固技术推广应用到黏土、砂土、黄土及破碎性岩土体地层中，无疑将增加一种盾构始发、接收端头井地层加固方案。

二、技术介绍

如图 7.3-1 所示，盾构始发、接收前，依托盾构隧道工作井围护结构，在工作井端墙盾构隧道洞门结构轮廓外侧施作管棚导向墙（该导向墙在完成盾构井端头地层加固后、施作盾构井主体结构前拆除），通过管棚导向墙内预埋的管棚导向管向地层打入设置注浆孔的管棚，通过管棚注浆孔注入地层加固浆液，以此在盾构刀盘拱部外侧形成"管棚＋地层"这一复合地层加固体。盾构始发、接收前，通过提前地层降水，确保盾构始发、接收全过程中地下水水位位于盾构刀盘底部以下。根据隧道周边环境条件和上方工程地质实际情况，必要时可在盾构始发、接收前对隧道结构轮廓外一定范围地层进行地面预加固处理。

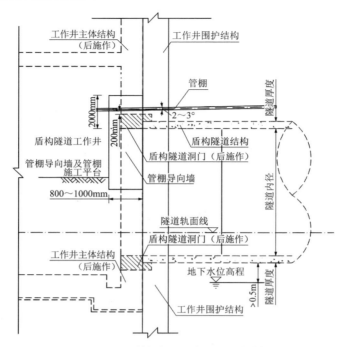

图 7.3-1　盾构井端头地层加固技术图

三、技术特点

如图 7.3-1～图 7.3-4 所示，盾构井端头地层加固技术具有如下特点：

（1）盾构井端头地层加固技术包括在盾构始发、接收前依托盾构隧道工作井围护结构提前施作的复合地层加固体，盾构始发、接收全过程对地层采取的有效降水措施，根据周边环境条件和工程地质实际情况进行地面预加固处理三部分。

（2）提前施作的复合地层加固体包括在盾构始发、接收前依托工作井围护结构施作的管棚和通过管棚管身注浆孔对管棚周边地层进行的注浆预加固。复合地层加固体是盾构井端头地层加固技术的核心结构。

（3）为避免盾构始发、接收过程中由于地下水流动将地层中细颗粒带走形成地层空洞，导致盾构始发、接收过程中发生地层沉降，其至地表坍塌等工程事故，通常在盾构始发、接收前对盾构机通过地层进行提前降水，确保盾构通过地层时的地下水水位在盾构刀盘底以下至少 0.5m。地层降水是盾构井端头地层加固技术的必要措施。

（4）若盾构隧道上方较大范围内分布砂层，或遇孔隙率较大、密实度较小的松散地层，或强度较低的软弱土层，必要时可在盾构始发、接收前通过地面对隧道结构轮廓外一定范围地层进行预注浆加固处理。地面预注浆加固是盾构井端头地层加固技术的必要补充。

（5）盾构井端头地层加固技术可应用于单条盾构隧道空间场景，也可应用于两条或多条盾构隧道空间场景。

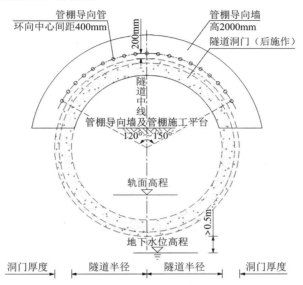

图 7.3-2　施作复合地层加固体阶段工作井端墙立面图

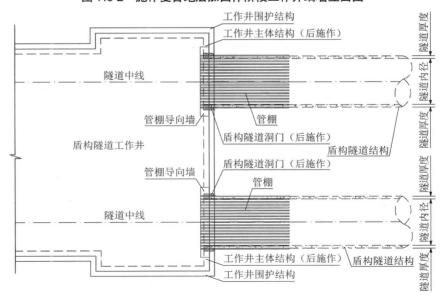

图 7.3-3　施作复合地层加固体阶段平面布置图

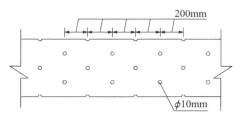

图 7.3-4　管棚管身展开示意图

四、技术要点

1. 复合地层加固体

复合地层加固体施作时机为盾构隧道工作井围护结构施工结束后、主体结构施工前；施作平台为设置在盾构隧道工作井端头的管棚导向墙，该平台在完成盾构井端头地层加固后、施作盾构井主体结构前拆除。

如图 7.3-2～图 7.3-4 所示，盾构隧道工作井围护结构施工结束后，在工作井端头搭设施工平台，通过施工平台在工作井围护结构端墙外侧、盾构隧道洞门结构位置施作高 1.5～2.0m、厚 0.8～1.2m 的扇形管棚导向墙；施作管棚导向墙时，在隧道结构轮廓外侧 200mm 弧形轮廓线、120°～150°中心角范围内按照 400mm 间隔埋设管棚导向管，管棚导向管长度同导向墙厚、内直径比管棚外直径大 6～8mm、与盾构隧道轴线的夹角为 2°～3°；然后通过管棚导向管向地层打入外直径为 108～199mm（最大可为 299mm）、厚 8～14mm、总长度为"盾构主机长度 + 2～3m"的大管棚（或管幕），管棚（或管幕）打设前，需在管身加工直径 8～12mm、间距 150～250mm、呈梅花形布置的注浆孔；最后通过管棚注浆孔向地层注入地层加固浆液，通常加固浆液选用水泥浆或超细水泥浆，浆液比例及施工压力根据现场实际情况确定，初次施工，建议浆液比例"水泥∶水 = 1∶1"、注浆压力 0.3～0.6MPa。

2. 地层降水

为避免盾构始发、接收过程中因地层细颗粒流失较多导致地层出现空洞甚至坍塌，盾构始发、接收前 1～2 周对管棚加固范围内的盾构机通过地层进行降水，如图 7.3-1 和图 7.3-2 所示，盾构始发、接收全过程地下水水位应在盾构刀盘底以下至少 0.5m。

3. 地面注浆预加固

若盾构隧道上方较大范围内分布砂层，或遇地层孔隙率较大、密实度较小的松散地层，或强度较低的软弱土层，必要时可在盾构始发、接收前，通过地面对隧道结构轮廓外水平和竖向 $0.3D\sim0.5D$、轴线方向管棚范围内地层进行预注浆加固处理。预注浆管通常选用袖阀管或钢管；注浆管在地面采用间距 $1.0\sim2.0m$ 的梅花形布置方式；浆液通常选用"水泥∶水 = 1∶$0.8\sim1.2$"的水泥浆。通过地面注浆预加固后的地层无侧限抗压强度一般不小于 $0.8MPa$。

五、工程应用

本盾构井端头地层加固技术已成功应用于成都轨道交通所有盾构法区间隧道、南宁轨道交通机场线引入机场盾构法区间隧道、成蒲铁路紫瑞隧道、成自铁路锦绣隧道、南崇铁路留村隧道等超过 300 座的盾构隧道工程中，涉及砂卵石、卵砾石、填土、黏土、泥岩、砂泥岩等多种地层。

采用本盾构端头井加固技术的盾构隧道工程尚未在盾构始发、接收过程中出现过工程风险，既保证了盾构隧道的施工安全，又产生了良好的社会效益。

与注浆、搅拌、高压旋喷等常规盾构端头井地层加固技术相比，本盾构端头井加固技术可节省 20%～30% 的工程直接费用，经济效益明显。

第八章 施工组织技术

第一节 城市轨道交通掘进机曲线过站技术❶

一、技术背景

城市轨道交通工程具有车站间距小、区间隧道长度相对较短的特点,目前采用掘进机施工的区间隧道与车站的施工组织主要采用转场和连续施工两种方案:

(1)转场方案。在车站端部设置工作井,掘进机在车站端部工作井始发、掘进、接收,完成一个区间隧道施工;施工下一个区间隧道,需将掘进机解体、起吊后,转场至下一工作井进行二次组装再始发、掘进、接收。这种施工组织方案存在多次拆卸组装掘进机的弊端,不仅降低了施工效率,还会缩短装备寿命。

(2)连续施工方案。在连续几个车站、区间的第一个车站端部设置工作井,掘进机在完成一个区间隧道掘进后,直接通过提供掘进机空推过站条件的中间车站,在中间车站的另一端二次始发后,继续下一个区间隧道的施工作业,隧道贯通后继续过站始发,直至完成最后一个区间隧道。本施工组织方案可实现掘进机一次下井连续掘进多个区间的目的,具有施工连续性好、效率高,不需对掘进机进行多次拆解和二次组装,可延长装备寿命等优点。

连续施工方案的优点越来越得到工程界的认可和采用。连续施工方案常采用整机直线过站方式,如图8.1-1所示,该方式需对提供过站条件的车站在运营功能空间基础上进行整体加宽加深,还需在底板上方设置提供 TBM 过站条件的钢筋混凝土导台;以上需求将增加过站车站的工程规模和投资。

若能在满足连续施工方案掘进机过站条件的前提下,减小过站车站的规模,无疑具有很好的工程和经济意义。

---

❶ 本章掘进机指盾构和 TBM。

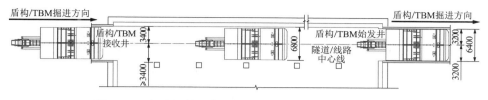

图 8.1-1　掘进机整机直线过站示意图（尺寸单位：mm）

二、技术介绍

本掘进机曲线过站技术，车站工作井端头按照掘进机最小转弯半径（以城市轨道交通工程开挖外径 6.3m 的 TBM 为例，其最小转弯半径为 350m）作为步进轴线，当步进到过站车站不需要因为掘进机的结构轮廓要求加宽时，掘进机按直线轴线步进。本方案中的过站车站只需按照掘进机的最小转弯半径和结构轮廓要求对车站两端部分进行局部加宽；同时，将过站导台与车站底板统筹考虑，把掘进机过站托架锚入车站底板，使得弧形钢筋混凝土导台的最低点与过站车站底板顶面平齐，从而达到减小车站净空，节省工程投资的目的。

三、技术特点

本技术在满足掘进机整机过站和后期轨道整体道床施作的前提下，避免了对过站车站的全长加宽；同时过站导台与车站底板统筹考虑后，较常规过站车站开挖深度减少约 0.5m，也节省了导台基座，有效减小了工程投资。

四、技术要点

1. 工作井段局部加宽

为避免因城轨交通区间隧道线路中心线与车站侧墙的最小距离（通常明挖法车站为 2.25m、矿山法车站为 2.55m）小于掘进机的刀盘半径（外直径 6.0m 隧道的盾构刀盘半径通常为 3.15～3.20m）需对掘进机过站车站进行全长加宽导致较多的工程投资增加，可采用只对过站车站两端工作井段进行局部加宽，掘进机在加宽段采用沿最小转弯半径作为步进轴线的方式过站，当步进至过站车站不需要因为掘进机结构轮廓要求特殊加宽时，掘进机按照直线轴线步进。

如图 8.1-2 所示，以开挖直径 6.28m 的 TBM 为例（对应隧道外直径 6.0m），仅需将车站两端长度约 15m 的工作井侧墙加宽至距离线路中心线的距离不小于 3.4m，TBM 步进过站时，在扩大端段以 TBM 的最小转弯半径 350m 作为步进轴线步进即可。

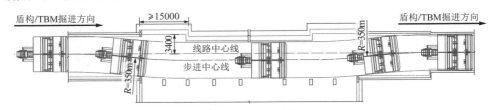

图 8.1-2 掘进机整机曲线过站示意图（尺寸单位：mm）

2. 导台与车站底板一体化设计

中小直径盾构过站可采用托架和导台步进两种形式，大直径盾构和 TBM 过站通常以导台步进为主。当采用导台步进方式过站时，可将弧形导台与车站底板进行一体化设计，达到安全、经济的目的。

如图 8.1-3 所示，将弧形过站导台与车站底板进行一体化设计，把掘进机过站托架锚入车站底板，使弧形导台的最低点与过站车站的底板顶面平齐，在导台两侧最低点对称预埋钢托架，钢托架下端锚入车站底板，钢托架上端安装掘进机步进导向钢轨，以此确保掘进机按预定轴线稳健步进过站。

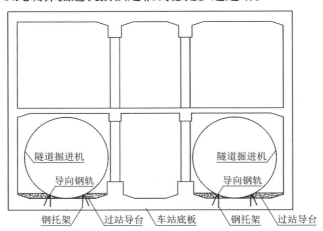

图 8.1-3 隧道掘进机过站导台结构的横断面图

弧形导台与车站底板均为钢筋混凝土，可同期浇筑，也可在车站底板先期浇筑钢筋混凝土时预留弧形导台插筋，后期浇筑的弧形导台通过预留插筋与先期浇筑的车站底板连接成为整体。浇筑车站底板、弧形导台结构时预埋钢托架，导向钢轨后期焊接于钢托架顶端。

五、工程应用

青岛地铁绝大部分的双护盾 TBM 均采用了该曲线过站技术；本车站底板和

过站导台一体化技术还成功应用到青岛地铁 2 号线一期工程调整段国际邮轮港站，该站为地下四层站，车站长度 155.5m，采用本技术后节省工程投资约 150 万元。TBM 曲线步进过站实景见图 8.1-4。

图 8.1-4　TBM 曲线步进过站实景图

第二节　城市轨道交通掘进机法区间与车站同步施工技术

一、技术背景

城市轨道交通工程具有车站间距小、区间隧道长度相对较短的特点，因此常将连续的几个车站和区间划分为一个施工单元进行统筹考虑。目前采用掘进机施工的区间隧道与车站的施工组织主要有掘进机转场和连续施工两种方案，方案的优缺点分析详见本章第一节技术背景。

通常，连续施工方案在掘进机到达前需中间车站完成站台层及站台层上板施工，且站台层轨行区还需作为后期掘进机的施工通道。

由于车站施工受诸多外界因素，如管线改移、交通疏解、建（构）筑物拆迁等影响，当掘进机到达中间车站时，车站可能达不到如期完成站台层及站台层上板施工、将站台层轨行区作为掘进机施工通道的条件。在此情况下，为避免掘进机停工，在中间车站已完成底板和轨行区侧墙的情况下，需要研究一种掘进机法区间与过站车站站台层上板同步施工技术。

二、技术介绍

车站主体结构已完成车站底板、轨行区侧墙施工，采用在车站站台层轨行区侧墙设置型钢支撑门架代替常规的满堂脚手架，型钢门架下方的预留空间既作为掘进机的过站步进通道，也作为掘进机施工后续区间隧道的施工通道。

三、技术特点

本技术在轨行区设置代替普通满堂脚手架的型钢支撑门架系统，在不影响车站上部结构施工的前提下，很好地解决了掘进机过站以及后续施工所需通道的问题，大大拓展了掘进机过站施工的应用范围和使用工效。

四、技术要点

如图 8.2-1 所示，与站台层非轨行区设置普通满堂脚手架不同，在车站两侧轨行区上方设置型钢支撑门架，该门架作为站台层轨行区上方钢筋混凝土板浇筑时的支撑结构，门架下空间作为掘进机过站步进通道和后续区间隧道的施工通道。

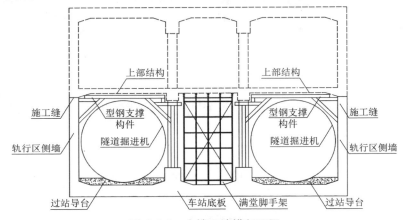

图 8.2-1 支撑系统横断面图

如图 8.2-2 所示，在先期完工的轨行区侧墙浇筑过程中预埋锚筋和钢板，后期设置的型钢支撑构件与侧墙预埋钢板焊接形成固定连接。

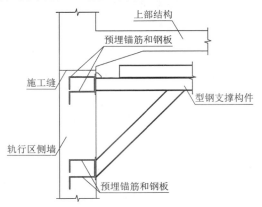

图 8.2-2 支撑钢架与侧墙连接示意图

型钢支撑构件由数块型钢和钢板通过焊接组合而成,可采用普通Ⅰ字钢、H型钢等,型钢尺寸和间距根据上部施工荷载通过计算确定。

五、工程应用

本技术在青岛地铁2号线一期工程海游路站、海川路站以及青岛地铁4号线、1号线等多个车站得到了应用,图8.2-3和图8.2-4分别为青岛地铁2号线一期工程海川路站过站门架TBM步进空间关系图和现场施工实景照片。

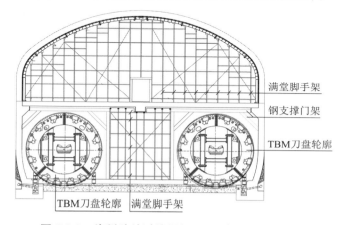

图8.2-3 海川路站过站门架TBM步进空间关系图

图8.2-4 海川路站过站门架现场施工实景

本技术很好地解决了车站和区间交叉施工的难题,充分发挥了隧道掘进机独头掘进的效率;同时确保了车站、区间的施工工期,社会和经济效益显著。

第三节　城市轨道交通掘进机法区间贯通弃壳技术

一、技术背景

一条较长的城市轨道交通线路通常会串联城市中心区和郊区，根据城市规划和客流实际，一般会分期建设，后期工程采用区间方式与前期工程贯通。

目前，城市轨道交通区间隧道工程主要采用隧道掘进机法施工，受建设环境和相关边界条件改变等实际情况，后期工程在分界处附近不一定能提供掘进机接收、起吊所需的施工场地，此时在隧道贯通处放弃掘进机外壳，将掘进机其他零部件在隧道内拆解后、沿后建隧道返运到始发井后起吊、运出，不失为一种理想的替代方案。

二、技术介绍

本技术提供一种城市轨道交通掘进机法区间隧道贯通弃壳方案，在确保掘进机解体后零部件的二次使用率的前提下，解决掘进机在隧道终点不能通过常规接收井接收、起吊的问题。

三、技术特点

本技术具有如下特点：首先，前后期隧道间预留岩柱（或预加固地层），避免掘进机贯通时的推力对已运营隧道结构端墙产生负面影响；其次，通过掘进机适当的后退为刀盘拆解和存放提供空间，避免破坏性拆解减小掘进机零部件的二次使用率；再次，预留岩柱和已运营区间隧道端墙通过静态破除，预加固地层通过人工开挖，最多限度地减小接口处施工爆破振动、粉尘、烟雾等对前期运营隧道的影响；最后，前后期隧道接口通过现浇混凝土连接新旧隧道衬砌管片，以此形成整体受力结构。

四、技术要点

本技术的实施包括如下主要步骤。

（1）如图 8.3-1 所示，掘进机掘进到前后期隧道分界附近，停止掘进，在掘进面与已运营隧道的端墙之间预留岩柱（或预加固地层），岩柱长度一般情况下取 3～5m（预加固地层一般 8～10m）。

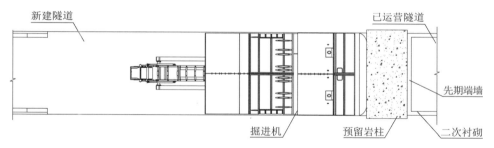

图 8.3-1　施工步骤 1 示意图

（2）如图 8.3-2 所示，掘进机后退，长度一般取 8～10m（预加固地层一般 13～15m），为刀盘拆解和存放提供空间。

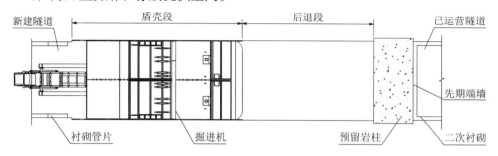

图 8.3-2　施工步骤 2 示意图

（3）如图 8.3-3 所示，依次拆除掘进机后部配套构件、内部构件和刀盘，沿新建隧道原路返运至始发井起吊，掘进机盾壳弃置于地层中。

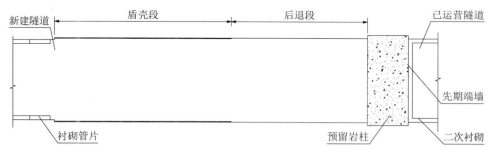

图 8.3-3　施工步骤 3 示意图

（4）如图 8.3-4 所示，对预留岩柱（或预加固地层）和已运营区间隧道的端墙进行静态破除（或人工开挖破除），新建区间隧道与已运营区间隧道贯通。

（5）如图 8.3-5 所示，通过浇筑钢筋混凝土衬砌，将新建区间隧道衬砌管片和已运营隧道结构连接形成整体受力结构。

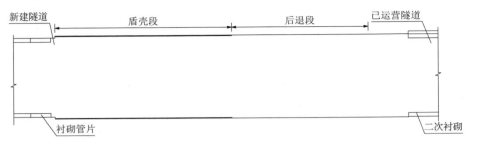

图 8.3-4 施工步骤 4 示意图

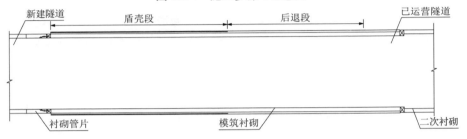

图 8.3-5 施工步骤 5 示意图

附　　录

本书各章节创新技术已获及申请专利情况　　　　附表1

章	节	创新技术	专利类型	专利名称	专利（申请）号
第二章	第一节	弯螺栓定位拼装技术	发明专利	一种带限位功能的盾构管片衬砌接头构造	ZL201610997808.0
			实用新型专利	一种带限位功能的盾构管片衬砌接头构造	ZL201621219954.2
	第二节	直螺栓定位拼装技术	发明专利	大直径盾构隧道混凝土管片连接构造	ZL201710170895.7
			发明专利	盾构管片拼装构造	ZL201711312564.9
			实用新型专利	大直径盾构隧道混凝土管片连接构造	ZL201720281232.8
	第三节	盾构管片承插式螺栓接头技术	发明专利（实审）	盾构管片拼装构造及榫式定位连接套件	ZL201711312564.9
			发明专利	一种管片承插式连接构造	ZL201910242716.5
			实用新型专利	盾构管片拼装构造及榫式定位连接套件	ZL201721720853.8
			实用新型专利	一种管片承插式连接构造	ZL201920415011.4
	第四节	大直径盾构隧道内部结构定位连接技术	发明专利	一种盾构隧道多功能预埋组件及实施方法	ZL202010420311.9
第三章	第一节	衬砌环支撑技术	发明专利	掘进机法隧道预制管片衬砌仰拱支撑构件快速安装工具	ZL201910546104.5
			实用新型专利	一种适用于护盾式TBM隧道预制管片衬砌结构的仰拱支撑组件	ZL201721709519.2
			实用新型专利	掘进机法隧道预制管片衬砌结构仰拱支撑块电动安装工具	ZL201920947815.9
			实用新型专利	掘进机法隧道预制管片衬砌仰拱支撑构件快速安装工具	ZL201920947811.0
	第二节	可调节预制仰拱块同步施工技术	实用新型专利	一种可调高度的TBM隧道仰拱预制构件	ZL201822057350.8
			实用新型专利	地铁TBM工法预制仰拱块衬砌结构	ZL201520009721.9

续上表

章	节	创新技术	专利类型	专利名称	专利（申请）号
第三章	第三节	复合式衬砌优化技术	实用新型专利	盾构法隧道圆形预制钢筋混凝土衬砌结构	ZL201220434415.6
			实用新型专利	硬岩隧道掘进机工法复合式钢筋混凝土衬砌结构	ZL201220657422.2
			实用新型专利	硬岩隧道掘进机工法复合式钢纤维混凝土衬砌结构	ZL201320345996.0
第四章	第一节	盾构管片壁后增强注浆技术	发明专利	一种盾构隧道预制管片衬砌背后地层注浆装置	ZL201410640885.1
			发明专利（实审）	一种装配式隧道结构同步注浆增强装置及同步注浆方法	ZL202110549469.0
			实用新型专利	一种盾构隧道底部地层加固通道构造	ZL201420252981.4
			实用新型专利	一种盾构隧道周围地层加固通道构造	ZL201420300281.8
			实用新型专利	一种盾构隧道预制管片衬砌背后地层注浆装置	ZL201420675171.X
			实用新型专利	一种装配式隧道结构同步注浆增强装置	ZL202121085276.6
	第二节	TBM管片吊装吹填压浆技术	发明专利	一种TBM工法预制管片衬砌吊装及吹填压浆预理组件	ZL201410254150.5
	第三节	TBM管片壁后注浆梗技术	实用新型专利	一种适用于护盾式TBM隧道预制管片衬砌结构的背后注浆装置	ZL201721706496.X
第五章	第一节	管片密封垫主动压密技术	发明专利	一种盾构隧道管片弹性密封垫主动压密装置	ZL201611007810.5
			实用新型专利	一种盾构隧道管片弹性密封垫主动压密装置	ZL201621249851.0
	第二节	管片带定位榫接缝防水技术	实用新型专利	一种盾构管片密封型限位装置	ZL201820041161.9
	第三节	TBM隧道防排水构造优化技术	实用新型专利	地铁全断面岩石隧道掘进机工法隧道防排水构造	ZL201520054795.4
			实用新型专利	全断面岩石隧道掘进机工法地铁隧道泄压式衬砌结构	ZL201520054924.X
	第四节	盾构隧道洞门施工密封止水技术	发明专利	一种盾构法隧道洞门临时止水装置	ZL201510346705.3
			实用新型专利	一种盾构法隧道洞门临时止水装置	ZL201520430878.9

续上表

章	节	创新技术	专利类型	专利名称	专利（申请）号
第六章	第一节	钢板内衬加固衬砌环结构技术	实用新型专利	机械法施工隧道管片接缝锚固式止水弹性密封垫	ZL202020831473.7
	第二节	管片孔洞修复技术	实用新型专利	被外力击穿后的运营盾构隧道管片修复结构	ZL202122067852.0
第七章	第一节	预留暗挖法隧道通道技术	实用新型专利	地铁暗挖区间隧道预留通道保护结构	ZL201320538984.X
	第二节	既有暗挖法隧道保护结构技术	实用新型专利	既有地铁暗挖区间隧道保护结构	ZL201320053071.9
	第三节	盾构井端头地层加固技术	实用新型专利	盾构法隧道工作井外端头地层加固结构	ZL201220550101.2
第八章	第一节	城市轨道交通掘进机曲线过站技术	实用新型专利	一种适用于隧道掘进机过站的导台结构	ZL201821841341.1
	第二节	城市轨道交通掘进机法区间与车站同步施工技术	实用新型专利	地铁车站上部结构施工和掘进机过站同时进行的支撑系统	ZL201720744374.3
	第三节	城市轨道交通掘进机法区间贯通弃壳技术	发明专利（实审）	一种护盾式TBM区间隧道修建方法	ZL202110899080.9

参考文献

[1] 何川, 封坤, 方勇. 盾构法修建地铁隧道的技术现状与展望[J]. 西南交通大学学报, 2015, 50(1): 97-109.

[2] 何川, 张景, 封坤. 盾构隧道结构计算分析方法研究[J]. 中国公路学报, 2017, 30(8): 1-14.

[3] 何川, 封坤. 大型水下盾构隧道结构研究现状与展望[J]. 西南交通大学学报, 2011, 46(1): 1-11.

[4] 喻波, 王呼佳. 压力拱理论及隧道埋深划分方法研究[M]. 北京：中国铁道出版社, 2008.

[5] 陈湘生. 中国内地基础设施建设正走向绿色、减碳、韧性建设[EB/OL]. (2023-09-25)[2024-09-11]. http://www.chinajsb.cn/html/202309/25/35997.html.

[6] 陈湘生, 付艳斌, 陈曦, 等. 地下空间施工技术进展及数智化技术现状[J]. 中国公路学报, 2022, 35(1): 1-12.

[7] 易国良, 陈馈, 卢高明, 等. 我国城市地下空间盾构法隧道工程技术新进展[J]. 隧道建设（中英文）, 2024, 44(1): 1-20.

[8] 洪开荣, 冯欢欢. 近2年我国隧道及地下工程发展与思考（2019—2020年）[J]. 隧道建设（中英文）, 2021, 41(8): 1259-1280.

[9] 洪开荣, 陈馈, 冯欢欢. 中国盾构技术的创新与突破[J]. 隧道建设, 2013, 33(10): 801-808.

[10] 王福文, 梁帅文, 冯爱军. 2023年我国城市轨道交通数据统计与发展分析[J]. 隧道建设（中英文）, 2024, 44(2): 393-400.

[11] 陈馈, 杨廷栋. 中国盾构制造新技术与发展趋势[J]. 隧道建设, 2017, 37(3): 276-284.

[12] 朱中意, 宋振华. 中国全断面隧道掘进机制造行业2022年度数据统计[J]. 隧道建设（中英文）, 2023, 43(8): 1438-1439.

[13] 中国城市轨道交通协会. 城市轨道交通2023年度统计和分析报告[EB/OL]. (2024-03-29)[2024-09-11]. https://mp.weixin.qq.com/s?__biz=MzI3NzMwODY3OQ==&mid=2247595220&idx=2&sn=d62a9af950a9b5f136fc1135f106fb85&chksm=eaf1308727299e

5848d50d70505aa1903b711f0dfec5d2fad5734d18d635d88355c38a8150ad&scene=27.

[14] 轨道世界. 中国内地城轨运营里程及线路制式统计（截至 2023 年底）[EB/OL]. (2024-01-01) [2024-09-11]. https://m.163.com/dy/article/INCL292J0511T04N.html.

[15] 《中国公路学报》编辑部. 中国交通隧道工程学术研究综述·2022[J]. 中国公路学报, 2022, 35(4): 1-40.

[16] 《中国公路学报》编辑部. 中国隧道工程学术研究综述·2015[J]. 中国公路学报, 2015, 28(5): 1-65.

[17] 林刚, 郭俊, 罗世培, 等. 盾构法隧道工作井外端头地层加固结构: ZL201220550101.2[P]. 2013-04-10.

[18] 林刚, 李德才, 张建祥, 等. 硬岩隧道掘进机工法复合式钢筋混凝土衬砌结构: ZL201220550101.2[P]. 2013-04-10.

[19] 林刚, 牟锐, 郭俊, 等. 既有地铁暗挖区间隧道保护结构: ZL201320053071.9[P]. 2013-08-28.

[20] 林刚, 李德才, 罗世培, 等. 硬岩隧道掘进机工法复合式钢纤维混凝土衬砌结构: ZL201320345996.0[P]. 2013-12-04.

[21] 林刚, 罗世培, 郭俊, 等. 地铁暗挖区间隧道预留通道保护结构: ZL201320538984.X[P]. 2014-07-02.

[22] 林刚, 罗世培, 朱宏海, 等. 一种盾构隧道底部地层加固通道构造: ZL201420252981.4[P]. 2014-11-05.

[23] 林刚, 罗世培, 朱宏海, 等. 一种盾构隧道周围地层加固通道构造: ZL201420300281.8[P]. 2015-03-04.

[24] 林刚, 罗世培, 张增, 等. 一种盾构隧道预制管片衬砌背后地层注浆装置: ZL201420675171.X[P]. 2015-05-27.

[25] 林刚, 史宣陶, 李德才, 等. 全断面岩石隧道掘进机工法地铁隧道泄压式衬砌结构: ZL201520054924.X[P]. 2015-08-05.

[26] 林刚, 陈军, 李德才, 等. 一种 TBM 工法预制管片衬砌吊装及吹填压浆预埋组件: ZL201410254150.5[P]. 2016-05-11.

[27] 林刚, 史宣陶, 李德才, 等. 地铁 TBM 工法预制仰拱块衬砌结构: ZL201520009721.9[P]. 2016-03-16.

[28] 林刚, 罗世培, 张增, 等. 一种盾构隧道预制管片衬砌背后地层注浆装置: ZL201410640885.1[P]. 2017-02-08.

[29] 林刚, 史宣陶, 张增, 等. 一种适用于护盾式 TBM 隧道预制管片衬砌结构的背后

注浆装置: ZL201721706496.X[P]. 2018-07-31.

[30] 林刚, 陈军, 陶伟明, 等. 一种可调高度的 TBM 隧道仰拱预制构件: ZL201822057350.8[P]. 2019-09-24.

[31] 林刚, 史宣陶, 易丹, 等. 掘进机法隧道预制管片衬砌仰拱支撑构件快速安装工具: ZL201920947811.0[P]. 2020-06-16.

[32] 林刚, 史宣陶, 易丹, 等. 掘进机法隧道预制管片衬砌结构仰拱支撑块电动安装工具: ZL201920947815.9[P]. 2020-06-16.

[33] 林刚, 陶星, 周明亮, 等. 一种装配式隧道结构同步注浆增强装置及同步注浆方法: ZL202121085276.6[P]. 2021-05-21.

[34] 林刚, 史宣陶, 易丹, 等. 掘进机法隧道预制管片衬砌仰拱支撑构件快速安装工具: ZL201910546104.5[P]. 2024-03-22.

[35] 易丹, 林刚, 罗世培, 等. 一种盾构法隧道洞门临时止水装置: ZL201520430878.9[P]. 2015-11-04.

[36] 易丹, 林刚, 王建, 等. 大直径盾构隧道混凝土管片连接构造: ZL201710170895.7[P]. 2017-08-04.

[37] 易丹, 林刚, 罗世培, 等. 一种盾构法隧道洞门临时止水装置: ZL201510346705.3[P]. 2017-06-13.

[38] 易丹, 杨征, 罗世培, 等. 一种带限位功能的盾构管片衬砌接头构造: ZL201621219954.2[P]. 2017-08-08.

[39] 易丹, 林刚, 牟锐, 等. 盾构管片拼装构造及榫式定位连接套件: ZL201711312564.9[P]. 2018-04-17.

[40] 易丹, 林刚, 牟锐, 等. 盾构管片拼装构造及榫式定位连接套件: ZL201721720853.8[P]. 2018-11-09.

[41] 易丹, 张小强, 文鹏飞, 等. 一种盾构管片密封型限位装置: ZL201820041161.9[P]. 2019-02-05.

[42] 易丹, 林刚, 杨昌宇, 等. 一种管片承插式连接构造: ZL201910242716.5[P]. 2019-06-28.

[43] 易丹, 杨征, 罗世培, 林刚, 等. 一种带限位功能的盾构管片衬砌接头构造: ZL201610997808.0[P]. 2019-04-12.

[44] 易丹, 林刚, 王建, 等. 大直径盾构隧道混凝土管片连接构造: ZL201710170895.7[P]. 2019-10-29.

[45] 易丹, 林刚, 杨昌宇, 等. 一种管片承插式连接构造: ZL201920415011.4[P].

2019-12-03.

[46] 史宣陶, 林刚, 李德才, 等. 地铁全断面岩石隧道掘进机工法隧道防排水构造: ZL201520054795.4[P]. 2015-08-05.

[47] 史宣陶, 张建祥, 周明亮, 等. 地铁车站上部结构施工和掘进机过站同时进行的支撑系统: ZL201720744374.3[P]. 2018-02-16.

[48] 史宣陶, 林刚, 张建祥, 等. 一种适用于护盾式 TBM 隧道预制管片衬砌结构的仰拱支撑组件: ZL201721709519.2[P]. 2018-12-11.

[49] 史宣陶, 林刚, 柴家远, 等. 一种适用于隧道掘进机过站的导台结构: ZL201821841341.1[P]. 2019-11-12.

[50] 史宣陶, 林刚, 徐剑旋, 等. 机械法施工隧道管片接缝锚固式止水弹性密封垫: ZL202020831473.7[P]. 2021-03-20.

[51] 史宣陶, 林刚, 柴家远, 等. 一种护盾式 TBM 区间隧道修建方法: ZL202110899080.9[P]. 2021-08-05.

[52] 陶星, 王刚, 周明亮, 等. 一种装配式隧道结构同步注浆增强装置: ZL202121085276.6[P]. 2021-11-23.

[53] 杨征, 林刚, 刘昕铭, 等. 一种盾构隧道多功能预埋组件及实施方法: ZL202010420311.9[P]. 2022-02-01.

[54] 谢立广, 朱宏海, 林刚, 等. 盾构法隧道圆形预制钢筋混凝土衬砌结构: ZL201220434415.6[P]. 2013-04-10.

[55] 周军, 易丹, 林刚, 等. 一种盾构隧道管片弹性密封垫主动压密装置: ZL201611007810.5[P]. 2018-11-23.

[56] 周军, 易丹, 林刚, 等. 一种盾构隧道管片弹性密封垫主动压密装置: ZL201621249851.0[P]. 2017-05-10.

[57] 王刚, 李俊, 宋同伟, 等. 被外力击穿后的运营盾构隧道管片修复结构: ZL202122067852.0[P]. 2022-01-11.

[58] 林刚, 罗世培, 倪娟. 地铁结构地震破坏及处理措施[J]. 现代隧道技术, 2009, 46(4): 36-41, 47.

[59] 林刚, 罗世培. 玻璃纤维筋在盾构端头井围护结构中的应用[J]. 铁道工程学报, 2009, 26(8): 77-81.

[60] 林刚, 李德才, 张建祥. 改良型护盾式 TBM 在城市轨道交通工程中的应用研究[C]//中国土木工程学会城市轨道交通技术工作委员会,世界轨道交通发展研究会,青岛地铁产业协会, 等. 2014 中国青岛城市轨道交通管理和技术创新研讨会论文

集, 2014: 7.

[61] 林刚, 罗世培, 郭俊, 等. 膨胀岩土地层盾构隧道结构力学行为研究[J]. 现代隧道技术, 2011, 48(3): 74-79.

[62] 林刚, 罗世培, 朱宏海. 列车最高运行速度 120km/h 城轨区间盾构隧道研究[J]. 铁道工程学报, 2014, 31(12): 88-92.

[63] 林刚, 史宣陶, 陈军. 双护盾 TBM 在青岛城市轨道交通工程中的应用与实践[J]. 隧道建设（中英文）, 2019, 39(12): 2020-2029.

[64] 林刚, 史宣陶, 陈军, 等. 双护盾 TBM 在城轨交通区间隧道工程中的应用[J]. 现代隧道技术, 2019, 56(S2): 612-618.

[65] 林刚, 易丹, 罗世培, 等. 带定位榫盾构隧道管片接头剪切力学行为研究[J]. 北京交通大学学报, 2024, 48(3): 130-139.

[66] 万涛, 林刚, 习淑娟. 超小净距地铁三洞隧道群施工动态数值模拟[J]. 铁道工程学报, 2016, 33(12): 93-98.

[67] 刘议文, 周子扬, 封坤, 等. 盾构隧道套筒-直螺栓新型环间接头抗剪性能研究[J]. 铁道科学与工程学报, 2024, 21(8): 3248-3261.